Erwin Thoma

DER WEG DES KIRSCHBAUMS

Erwin Thoma

DER WEG DES KIRSCHBAUMS

Wie wir gemeinschaftlich leben
und arbeiten können

ecowing

FSC
www.fsc.org
MIX
Papier aus verantwortungsvollen Quellen
FSC® C014138

1. Auflage

Medieninhaber, Verleger und Herausgeber:
Red Bull Media House GmbH
Oberst-Lepperdinger-Straße 11–15
5071 Wals bei Salzburg, Österreich

Umschlaggestaltung: Büro Jorge Schmidt, München
Umschlagmotiv: IMAGO / Arnulf Hettrich
Autorenillustration: Claudia Meitert / carolineseidler.com
Satz: MEDIA DESIGN: RIZNER.AT
Gesetzt aus der Proxima Nova und Palatino
Printed by Finidr, Tschechien

ISBN: 978-3-7110-0329-4

INHALTSVERZEICHNIS

EINLEITUNG

Es gibt zwei Möglichkeiten, auf die Welt, in der wir leben, zu schauen. Einmal können wir fühlen und erleben, dass wir in ein vollkommen verbundenes System des Lebens hineingeboren worden sind. In ein Leben, in dem alles dynamisch miteinander vernetzt ist. Die Menschen, aber auch die Bäume, jede Pflanze und jedes Tier – wir alle kommen aus dem geheimnisvollen Ursprung allen Lebens. Und wir alle werden wieder dorthin zurückkehren. Jetzt aber, jetzt ist uns das Zeitfenster geschenkt, in dem wir das gemeinsame Spiel spielen, das wir Leben nennen. Unsere Verbundenheit, Zusammengehörigkeit und Abhängigkeit bleiben dabei unveränderbar. Sie sind die festen und gegebenen Regeln in dem Spiel.

Wohl alle Urvölker der Menschheit haben ihre Verbundenheit zur Mutter Erde und den Lebewesen tief verinnerlicht. In verschiedensten

Kulturformen wurde und wird das Eingebettetsein im großen Lebenskonzert zum Ausdruck gebracht. Auch alle großen Traditionen und Religionen weisen die Menschen darauf hin, dass nicht wir als Individuen der Mittelpunkt des Geschehens sind. Viel mehr dürfen wir uns freuen, Teil des endlosen Gebens und Nehmens, der ewigen Lebensflüsse auf Erden zu sein.

Wer so auf das Leben schaut, für den wird die Umwelt zur Mitwelt. Sich selbst eingebettet in allem Leben zu sehen, bedeutet Geborgenheit und Unterstützung zu spüren und Lebensängste durch Freude, Hoffnung und Zuversicht aufzulösen.

Die zweite Möglichkeit, das Leben und sich selbst darin zu betrachten und zu verorten, sagt: »Ich bin da! Solange ich lebe, geht es um mich. Ich bin also der Mittelpunkt meiner Existenz. Ich stütze mich auf meine Fähigkeiten. Auf mein Wissen, auf meine Kraft, auf meine Macht. Je weiter etwas von meinem Mittelpunkt entfernt ist, desto unwichtiger ist es. Meine Mitwelt, die mich umgibt, wird zur Umwelt, die ich benutze. Sei es, dass ich die Natur lediglich zur Erholung und Ertüchtigung meines Körpers nutze oder zur Ausbeutung aller Stoffe und Ablagerung von allem Müll, der entsteht, wenn ich meine Fantasien wahr werden lasse.«

In dem Augenblick, in dem wir unsere Umwelt als Gegenstand betrachten, den es optimal zu nutzen gilt, geraten wir in die Rolle des Weltenlenkers. Dann sind wir es, die gestalten und schaffen, wir haben die Kontrolle und die Macht. Unsere Ratio, unsere Wissenschaften, alle Möglichkeiten des Geistes werden in diesen Dienst gestellt. Ehrfurcht vor dem Leben, Urvertrauen und vor allem Verbundenheit mit allem Lebenden stehen diesem egozentrischen Rationalismus jedoch im Wege. Aber auch in unserem Inneren wirkt sich so eine Haltung aus. Sobald wir vergessen, dass alle Lebewesen aus demselben Ursprung kommen und innig verbunden sind, ist Angst fast unvermeidlich. Wie könnte ein Mensch, der sich ganz allein im Leben wiederfindet, ohne Ängste bleiben? Wenn dir kalter Rationalismus zuflüstert: »Sobald du schwach wirst und dein Körper versagt, ist alles aus!«, dann kommt die Angst. Doch das »Ich bin der Mittelpunkt« in uns, unser einsames Ego, sträubt sich gegen diese Angst. Es wird aggressiv, es sucht nach Sicherheit. Die wird vermeintlich in Macht und Kontrolle über andere und über das umgebende Leben gefunden. Plötzlich geht es darum, sich über die anderen hinaufzuarbeiten, sie zu unterdrücken und sie auszunutzen. Mangelgefühle gehören ebenso zu diesem Teufelskreis, der so auch die Zerstörung unserer Mitwelt und unserer Beziehungswelten bewirkt.

Die Furcht, die aus dem Verlust der Verbundenheit mit allem Leben entspringt, ist die Ursache für alles, was im großen Lebensspiel danebengeht. Es gilt daher unser Ego als das zu sehen, was es ist, und es zu heilen. Das verkümmerte, verängstigte und verwirrte »Ich bin«-Ego, das müssen wir an die Hand nehmen und zurückbringen in den großen Lebensfluss der Verbundenheit. In eine Welt, in der sich die Ängste auflösen wie der letzte Schnee in der Frühjahrssonne. Die Sonnenstrahlen, die hier die Ängste schmelzen lassen, sind Verbundenheit und Brüderlichkeit, gegenseitige Hilfe und Solidarität, Vertrauen und Liebe.

Es geht um den Weg von der einsamen Abgetrenntheit zurück zur liebevollen Verbundenheit mit allem Leben. Ein unerwartet klares und hilfreiches Vorbild für alle, die sich auf so einen Weg machen wollen, bekommen wir in nächster Nähe geschenkt. Der unvoreingenommene Blick auf die Natur, auf die Spielregeln, die sich dort immer schon bewährt haben und bewähren, der zeigt uns eine Welt voller Zuversicht und Hoffnung. Bei mir geht dieser unmittelbare Blick aus dem Fenster hinaus, auf den Kirschbaum vor meinem Haus. Sein Lebensweg stellt manches auf den Kopf, was wir

Menschen für unverzichtbar halten. Ganz neue Denkmuster schenkt er uns, und die brauchen wir auch, wenn wir die Herausforderungen des 21. Jahrhunderts gut lösen wollen. Wir können den Kirschbaum als Vorbild sehen, als Analogie zu uns selbst und unserem Leben. Denn wir können mehr von ihm lernen, als wir auf den ersten Blick glauben.

Kapitel 1

IM JAHRESKREIS DES KIRSCHBAUMS

Vor meinem Haus, am Weg zum Stall hinunter, steht ein Kirschbaum. Im Winter, wenn alle Äste kahl in die Höhe ragen, fällt er gar nicht auf zwischen der benachbarten Ulme und dem alten Holunder, der sich unter den Kirschzweigen an den dunklen Stamm seines Nachbarn schmiegt. Den ganzen Winter lang bilden die drei eine unscheinbare Schicksalsgemeinschaft, die sich an der Wand eines alten Nebengebäudes der Hofstelle gebildet hat. In dieser Jahreszeit fällt mein Blick manchmal dorthin, wenn ein Schwarm Krähen in den Ästen landet. Zunächst scheint es dann immer, als würden die schwarzen Vögel die Trostlosigkeit überallhin mitbringen. Wenn ich sie jedoch länger aus dem Küchenfenster beobachte, kann ich oft staunen, wie klug, wie wachsam sie den Aussichtsplatz in der Baumkrone nutzen. Wie sie sich untereinander genau abstimmen, und plötzlich, meist ohne ersichtlichen Grund, den Baum wieder so unversehrt verlassen, wie sie ihn vorgefunden haben. Dagegen wirken die winterlichen Singvögel viel unbefangener, wenn auch sie die Baumgruppe nutzen, um zwischen der Futterstelle am Haus und den geschützten Plätzen im dichten Astgewirr der wilden Kirsche hin- und herzufliegen. Dort können sie die ergatterten Futterkerne in Ruhe schälen und fressen. Denn das Futterhäuschen, die Quelle ihrer Winternahrung, ist ja auch ein Ort unentwegter Konkurrenz. Weiters gibt es noch die Spezialisten wie etwa den Kleiber, der seine Nahrung am Kirschbaum selbst findet. Von der Natur mit einzigartigen Kletterzehen ausgestattet, läuft er eifrig den Stamm auf und nieder und sucht unermüdlich jede Rindenritze nach Insekten, Larven, Milben und allem möglichen Futter ab.

Der Kirschbaum selbst, seine Nachbarn die Ulme und der Holunder sowie all die kahlen Laubbäume rundherum – sie bleiben den ganzen Winter lang für viele Menschen unerkannt in ihrer Art. Wer alle Laubgehölze nur anhand der Äste, Knospen und ihrer Erscheinungsformen sicher bestimmen kann, der darf sich schon Fachmann auf dem Gebiet nennen.

Das ändert sich mit einem Schlag, sobald der Schnee im Frühjahr geschmolzen ist und die Nächte wieder frostfrei sind. Jetzt ist die

Zeit gekommen, in der da draußen der Kirschbaum die Bühne für sich allein in Anspruch nimmt. Selbst wenn man es schon zigmal erlebt hat, beeindruckt es jedes Jahr wieder, wie binnen weniger Tage aus den unscheinbaren Knospen unvermittelt Tausende und Abertausende Blüten sprießen. Den ganzen Winter waren es schmucklose, unauffällige Astkronen, unerkannt unter all den entlaubten Bäumen, aber jetzt prägen sie als blühende Höhepunkte die ganze Landschaft. Kein Wunder, dass wir Menschen da mit Freude erfüllt werden. In vielen Kulturen werden zu dieser Zeit Feste der Fröhlichkeit und Zuversicht gefeiert.

Aber stopp! Bevor wir weiter in begeistertes Schwärmen verfallen, wollen wir ganz sachlich überlegen, was der Kirschbaum da eigentlich treibt. Aus der Sicht, mit der wir Menschen heute gewohnt sind, Aufgaben und Probleme zu lösen, ist es ja völlig verrückt, was so ein Baum im Frühjahr veranstaltet. Besonders die betriebswirtschaftlichen und wirtschaftswissenschaftlichen Spielregeln unserer Zeit empfehlen eine ganz andere Vorgangsweise.

Den größten Teil meines Berufslebens habe ich als Geschäftsführer in einer leitenden Position in der Wirtschaft verbracht, und ich habe Betriebswirtschaft studiert und dabei versucht, diese Welt und ihre Spielregeln zu verstehen.

Aus dieser Erfahrung und dem dabei gesammelten Wissen weiß ich, dass die Lebensart des Kirschbaums gar nicht dieser Lehre entspricht. Nein, er macht so ziemlich alles verkehrt. An jeder Wirtschaftsuni würde er sicher durchfallen. Warum?

Das oberste Ziel jeder wirtschaftlichen Tätigkeit in unserer sogenannten freien Marktwirtschaft ist es ja, damit so viel Geld und Macht einzusammeln, wie es nur geht. Wenn das gelingt, wird es Erfolg genannt. Und damit das gelingt, ist es nötig, jeden Schritt, jedes Etappenziel mit dem geringstmöglichen Aufwand zu erreichen. Das nennt man »möglichst effizient sein«. Nun schauen wir einmal, ob der Kirschbaum das begriffen hat und effizient ist: Wozu er eigentlich im Frühjahr blüht, ist klar. Er blüht, damit er Früchte hervorbringen kann, die alle einen Samen beinhalten, der einen neuen Baum hervorbringt und süß verpackt ist, damit er in manchen Tiermägen herumgetragen wird und sich die Baumart so verbreiten kann. Fortpflanzung, das Heranwachsen einer nächsten Kirschbaumgeneration ist also Sinn und Zweck dieser Aktion. Nur, wenn unser Kirschbaum ordentlich an einer Wirtschaftsuni studiert und am Ende vielleicht sogar promoviert hätte, dann würde er vor Beginn der Arbeit das tun, was alle Menschen in einer verantwortungsvollen Wirtschaftsposition tun. Er würde zuerst mit Analysen und Statistiken beginnen: Was sind die größten Risiken, wie stehen die Chancen? Vielleicht würde er eine sogenannte SWOT-Analyse, Viereck-, Balken- oder Liniendiagramme erstellen. Und am Ende wüsste der Kirschbaum, wie er sich fortpflanzen kann und dabei so wenig Energie wie möglich einsetzen muss. In einem neoliberalen Wirtschaftssystem stünde er dabei auch immer im Wettbewerb mit allen anderen. Da kann und darf die Kriegskasse niemals für Leichtfertigkeiten geleert werden. Der Kirschbaum müsste also rasch feststellen, dass es vollkommen ausreicht, wenn aus seinen Samen jedes Jahr einige wenige junge Bäume nachwachsen. Dafür genügen 10, 20 oder sagen wir großzügig 50 Blüten. Die müssten dann nur geschickt verteilt werden. Sowohl zeitlich – sodass alle paar Tage einige Blüten erblühen, damit abgesichert ist, dass ein plötzlicher Frost nicht den ganzen Nachwuchs zerstört – als auch räumlich, die Blüten sollten also über die ganze Krone verteilt sein. Damit bestünde kein Risiko, dass mit einem abgebrochenen Ast alle Blüten und Samen untergehen. Das wäre eine wirtschaftlich effiziente Kirschblüte, die nebenbei die höchste Wettbewerbsfähigkeit erhält. Jede einzelne Blüte, die zusätzlich hervorgebracht wird, verbraucht ja wieder Wuchskraft und damit Stoffreserven des Baums. Für gutes

Geld könnte er bei international angesehenen Wirtschaftsberatungskonzernen auch noch eine Studie in Auftrag geben. Er würde das Ergebnis ausgedruckt in einem hochwertig gestalteten Exposé erhalten und könnte damit in kurzer Zeit einen Vorsprung gegenüber allen Bäumen erreichen, zusätzlichen Lebensraum neu besiedeln. So würde er im ewigen, gnadenlosen Wettbewerb am Ende besser, schneller und stärker dastehen als alle seine anderen Baummitbewerber. Aber was macht der Kirschbaum stattdessen?

Um Himmels willen, er verstößt gegen alle Regeln der wirtschaftlichen Vernunft. Von Effizienz, Sparsamkeit und gezieltem Ressourceneinsatz kann keine Rede sein. Im Gegenteil. Er schmeißt eine orgienhafte Party. Tausende Blüten werden im Überfluss gebildet. Das verbraucht gerade im Frühjahr jede Menge kostbare Energie. Jedem Wirtschaftsprofessor müssten bei so viel Leichtsinn die Haare zu Berge stehen, lernen wir doch, dass die Natur im ewigen, grausamen Wettbewerb steht. Da kann es auf jede Zelle ankommen. Jetzt, wo geklärt ist, dass der Baum auch mit 50 Blüten seine Nachkommen aussäen könnte, ist ja auch vollkommen klar, dass so ein Blütenmeer eine reine Verschwendung darstellt. Auch von Charles Darwin kann der Baum noch nie etwas gehört haben. Dessen Erkenntnisse sind wissenschaftlicher Konsens, die oftmals daraus abgeleitete Rechtfertigung für gnadenlosen Wettbewerb und Konkurrenz hingegen, die beeindruckt unseren Kirschbaum wenig. Wie soll es da einen Platz geben für Party-Kirschbäume mit Tausenden Blüten? Und als wäre das noch nicht schlimm genug, kommt es noch ärger. Wer meint, die Kirschblütenparty sei halt ein einzelner Ausrutscher, sozusagen ein pubertärer Störfall in der Hitze der aufsteigenden Säfte im Frühjahr, der irrt. Denn in derselben wirtschaftlichen Unvernunft geht es weiter durch das Jahr.

Sobald die Blüten aus den Knospen brechen, erscheint aus nah und fern ein ganzes Heer an Insekten. Was Flügel oder sechs Beine hat, sucht die Kirschbäume auf, betrinkt sich dort am Nektar und füllt die Mägen prall mit frischen, köstlichen Blütenpollen. Es summt und brummt, als wären die Äste zur größten Partymeile verwandelt. Wen wundert es, dass es dem gestandenen Betriebswirt da schon wieder den Magen zusammenzieht? Die trinken, essen, feiern und zechen zu Tausenden – und bezahlen nichts! Was ist das für ein Wirtshaus? Wer kommt auf die Idee, so etwas zu veranstalten? Na gut, die Insekten bestäuben die Blüten und sorgen so dafür, dass auch schöne Kirschen heranwachsen. Aber erstens braucht kein Mensch so viele bestäubte Blüten und zweitens könnte man das auch billiger haben. Wären tüchtige Konzernmanager am Werk, würden sie sofort herauskriegen, welche Insektenart bereit ist, diese Arbeit am billigsten zu erledigen. Dann sind die anderen rasch überflüssig. Sie müssten dann nicht auch noch teuer gefüttert und mit Nektar getränkt werden. Aber auch von billigen Arbeitskräften versteht der Kirschbaum offenbar nichts. Wie geht es nun weiter?

Als Nächstes werden die Kirschen im Frühsommer reif. Da rücke ich mit meiner Leiter aus, um mir für einen köstlichen Kuchen oder einige Gläser Marmelade Kirschen zu pflücken. Aber was muss ich jetzt entdecken? Zusätzlich zu den Insekten, die neuerdings auch summend an den roten Früchten knabbern, lutschen und saugen, sind auch noch Heerscharen von Vögeln dazugekommen. Vögel, Hunderte Vögel, als wären es zuvor nicht schon genug Gäste gewesen, die kostenlos zechen. Amseln, Stare, Drosseln und all die anderen, die offensichtlich auch noch eine ausgesprochen schlechte Erziehung hatten. Als Kinder haben wir stets gelernt, dass man sich nicht mehr auf den Teller nimmt, als man aufessen kann. Was man anfängt, soll auch beendet werden. Würden das auch die Vögel beherzigen, dann gäbe es kein Problem. Aber was machen diese Tiere bloß? Sie pecken an dieser Kirsche und dann an der nächsten, und sofort werden drei andere ausprobiert, um hinterher zum nächsten Ast zu springen und wieder eine süße Frucht nach der anderen anzupecken. Gustierend erfreuen sie sich am Geschmack der verschiedenen Kostproben. Was für eine Verschwendung! Wieso kann so ein Vogel nicht artig zwei oder drei Kirschen sauber und zur Gänze auffressen? Dann wäre sein kleiner Magen randvoll und er könnte sich zum Ausruhen in eine Astgabel begeben. So aber dauert es nicht lange, bis nach der Reifung der Früchte ein großer Teil angepeckt und zu Boden gefallen seine Gärung beginnt. Die nächste Verschwendung – obwohl es wenigstens viele Insekten gibt, die auf diese Weise an den süßen Saft gelangen, der sonst unerreichbar für sie wäre.

Indirekt bringt mich all das immer wieder zum Lachen. Wenn ich Glück habe, dann schaue ich in einer Vollmondnacht gerade dann aus dem Fenster, wenn Mama Dachs mit ihren Jungen den Baum aufsucht. Die Vögel haben mit den angepeckten Früchten für einen betörend süßen, halb angegorenen Früchteteppich unter dem Baum gesorgt. Für die Dachse ist das mehr als ein gefundenes Fressen. So erscheint die Mutter mehr oder weniger regelmäßig mit ihrer immer hungrigen Schar der Jungdachse. Für sie ist das sicherlich ein Schlemmerhöhepunkt des Jahres. Und lachen muss wohl jeder, der das Glück hat, das Treiben einer Dachsfamilie bei so einem Festmahl zu beobachten. Die Kleinen rangeln und raufen, balgen und rülpsen. Sie treiben einfach alles, was unseren Menschenkindern bei Tisch verboten ist. Da entlädt sich im Mondschein unterm Kirschbaum dann einfach ungehemmte Lebenslust. Dass dabei nicht nur säuberlich das Fruchtfleisch verzehrt, sondern auch mancher Kern gierig verschluckt wird, versteht sich von selbst. Im Bauch wird die Ladung nach dem Festmahl nach Hause getragen. Jahre später wächst dann aus einem inzwischen verlassenen Dachsbau ein junger Kirschbaum fröhlich seiner ersten Blütezeit entgegen …

Wer so einen Kirschbaum im Jahresverlauf beobachtet, der kann es drehen und wenden, wie er will. Es bleibt dabei, dass der Baum auf eine andere Strategie setzt als wir Menschen. Er ist weder sparsam noch effizient. Vielmehr zeigt er sich als überaus gastfreundlich. Ja, eine geradezu verschwenderische Unterstützung für alle lebt er uns vor. Aber welchen Sinn hat die Fülle der Blüten, der Überfluss an Früchten, die Freigiebigkeit an alle vorbeikommenden oder -fliegenden Lebewesen? Gerade scheinbare Widersprüche in der Natur sind für uns Menschen wertvolle Gelegenheiten, zu lernen und unseren eigenen Weg besser gehen zu können. Auch hinter der geschilderten Lebensleichtigkeit, die sich im Jahreskreis vor meinem Haus abspielt, liegt eine tiefe Weisheit.

Denn der Kirschbaum kann und erreicht etwas, das ich von ganzem Herzen jedem Menschen wünsche. Jedes Lebewesen, das mit ihm zu tun hat, von der Mücke bis zum nächtlich umherstreifenden Wildschwein, von Bienen, Hummeln und Wespen über den Dachs bis zum Weidevieh, das seinen Schatten aufsucht – sie alle freuen sich über die Existenz des Baums. Es gibt keinen unter ihnen, der sich nicht über das Gedeihen und ein gutes Vorankommen unseres Kirschbaums freut. Jede kleine Mücke und jedes große Tier, einfach alle Lebewesen freuen sich aus ganzem Herzen, dass es den Kirschbaum gibt. Mehr noch – sie hoffen, dass es ihm immer gut gehen wird. Denn dann geht es ihnen ja auch gut. Eine ganze Welle von Freundschaft, Unterstützung und Hilfsbereitschaft bekommt der Kirschbaum also zurück. Das schafft er mit seiner Lebensart der Fülle und Unterstützung von allem Leben rund um ihn.

Liebe Leserin und lieber Leser, stellen Sie sich vor, Sie legten jetzt das Buch weg und ab sofort träfen Sie ohne Ausnahme nur mehr Menschen, die vollkommen glücklich wären, Sie zu sehen! Stellen Sie sich vor, alle sagten Ihnen:

»Was für ein Geschenk, dass es dich gibt!« Und Sie selbst wären in der Lage, aus ganzem, offenem Herzen und aus innerster Überzeugung zu all Ihren Mitmenschen zu sagen: »Es ist so gut, dass du hier bist und wir uns jetzt treffen.« Wenn wir Menschen das könnten oder täten, dann wäre die Welt morgen eine andere.

Mit allem, was er tut, fördert er das Leben, unser Kirschbaum. Dabei spielt es keine Rolle, um welches Leben es sich handelt. Seine Blüten blühen im Überfluss für alle. Seine Früchte stehen zur freien Entnahme. Jeder, der des Weges kommt, findet beim Kirschbaum Speis und Trank, Schutz und Schatten, Geborgenheit und Lebensfreude. Die Lebenskraft, die dabei für den Baum selbst und für all seine Bewohner und Besucher geschaffen wird, diese Lebenskraft entfaltet sich in einer nahezu unüberwindbaren Dimension. Was auf den ersten Menschenblick nach Verschwendung und Leichtsinn aussieht, ist in Wahrheit ein geradezu revolutionäres Konzept für ein gelungenes Zusammenleben und für eine funktionierende Fürsorge für alle nachkommenden Generationen.

Das oberste Ziel des Kirschbaums ist es, alle Lebewesen zu unterstützen und nicht Macht und Geld für sich alleine anzuhäufen. Dadurch wird auch er von allem Leben unterstützt. Ohne dass er Druck ausüben oder dafür teuer bezahlen muss. Der Kirschbaum will für seine Leistungen und Produkte nicht den höchstmöglichen Preis erzielen. Nein, er bekommt viel mehr, er bekommt Freundschaft. Echte und belastbare Freundschaft ist immer viel mehr wert als eine große Geldsumme. Dadurch, dass er den Preis für seine Leistungen nicht spekulativ nach oben treiben will, muss er keine künstliche Verknappung erzeugen. Er kann ein Leben in der Fülle führen, anstatt in einer Mangelwirtschaft zu verharren.

Wer Geld und Macht anhäuft, ist mindestens zweimal mit Angst konfrontiert. Zum ersten Mal wird Angst meistens dann geschürt, wenn vermeintlich gewinnbringende Geschäfte den Menschen besonders viel Geld aus der Tasche ziehen sollen, das sie sonst nicht ausgeben würden. Wenn sie es doch getan haben, geht die Angst auf den über, der sie vorher geschürt hat. Denn jetzt hat unweigerlich er Angst, das Geld oder seine dadurch gewonnene Macht wieder zu verlieren. In beiden Fällen lähmt Angst. Sie hemmt und bremst die fröhliche Entfaltung unserer positiven Lebenskräfte. Wie schlau im Gegensatz dazu der Kirschbaum ist. Eine Situation, in der er Angst schüren müsste oder von ihr befallen wird, die lässt er erst gar nicht entstehen und setzt lieber Vertrauen an die Stelle von Angst. Er zählt nicht, wie viele Kirschen ein Vogel anpeckt. Er kontrolliert nicht, ob die Dachsjungen sauber auffressen oder vor Übermut über seine Früchte purzeln. Misstrauen und Kontrolle sowie die daraus entstehende Bürokratie und Verwaltung würden viel mehr an Lebensenergie kosten als seine ganze Blütenmeerparty. Jedes Leben, mit dem er in Berührung kommt, zu fördern – das ist das Kirschbaumcredo. Vertrauen statt Angst, Freundschaft statt Geld, Fülle statt Mangel, das gehört zu den Mitteln, mit denen er sein Lebensziel erreicht. Bevor wir uns aber näher mit diesen und weiteren Grundsätzen unseres Baums beschäftigen, lade ich Sie zu einer kleinen Übung ein. Sie soll vermitteln, wie real und wirksam das Kirschbaumprinzip unmittelbar unsere Lebensfreude und Kraft stärken kann. Es geht ganz einfach.

Schließen Sie die Augen und versetzen Sie sich in Gedanken auf eine gemütliche, mit weichem Moos bewachsene Astgabel in einer blühenden Kirschbaumkrone. Falls Ihnen die Höhe nicht zusagt, gerne auch am Stamm in einem moosigen Wurzelanlauf. Bienen, Schmetterlinge, Vögel – alle Lebewesen, die Sie kennen und sich vorstellen können, sind um Sie versammelt. Es summt, brummt und zwitschernder Vogelgesang verzaubert die Luft. Jetzt nehmen Sie bewusst wahr: Hier, an diesem Ort, geht es allen gut. Für jeden ist genug da. Alle lieben ihren Kirschbaum. Tiefe Freude am Leben ist spürbar. Sonst nichts. Bleiben Sie in diesem Bild, solange Sie können. Spüren Sie den Augenblick. Sie werden merken, wie stark es macht, einen Ort zu erleben, an dem das Leben einfach gelingt.

Diese kleine Meditation bringt die Weisheit des Kirschbaums über den Weg des Herzens zu uns. Viele Menschen spüren auf diese Weise, wie einfach es gelingen kann, das Leben zu unterstützen. Und wer solche Unterstützung erlebt hat, der will sie auch anderen schenken. Damit beginnt der Zauber des Gelingens. »Ich lebe, um alles Leben um mich herum zu fördern und gelingen zu lassen«, sagt der Kirschbaum.

Kapitel 2

DIE BILANZ DER BÄUME

Ganz sicher stärkt, zentriert und beruhigt es uns, wenn wir unsere Seele mit Bildern wie der Kirschbaumgeschichte versorgen. Unsere Aufmerksamkeit bewusst auf das gute Gelingen unseres Lebens lenken, anstatt unaufhörlich aus den Medien Katastrophennachrichten voller Gewalt, Krieg und Grausamkeit zu konsumieren, das nährt zweifellos in uns das Gelingen und Finden eines guten Weges. Es ist ein großes Geschenk, wenn man lernt, sich selbst zu stärken und zu schützen.

Aber welche Bedeutung hat die Kirschbaumgeschichte nicht nur für Sie und mich als Einzelpersonen, sondern für unsere Gesellschaft und unsere Arbeits- und Lebensweise? Kann dieses Beispiel gerade in einer Zeit ständiger Unsicherheit und rasender Veränderungen auch helfen, unsere grundsätzlichen Spielregeln zu verbessern? Die großen globalen

Probleme der Menschheit sind bekannt. Schauen wir uns an, was die Natur in Gestalt des Kirschbaums dazu zu sagen hat.

Wir haben jetzt ja jahrzehntelang die neoliberale Erzählung gehört: »Der Markt wird es richten!« Der freie Markt solle im möglichst unregulierten Spiel aller Kräfte dafür sorgen, dass alle Menschen, oder zumindest immer mehr Menschen, gesund und gebildet in Wohlstand leben können. Nebenbei werde der freie Markt, heißt es, auch dafür sorgen, dass die Zukunft unserer Kinder und Enkelkinder nicht zuletzt durch die viel höhere Effektivität aller wirtschaftlichen Vorgänge besser abgesichert werde als je zuvor. Das waren die Erwartungen an den neuen Weg in die neoliberale Wirtschaft. Gestützt wurde diese Erzählung durch das für alle sichtbare Versagen und Zusammenbrechen des Kommunismus und der ehemaligen Sowjetunion sozusagen als Spitze des kommunistischen Experiments. In den 1990er-Jahren wurde klar: Die Illusion des Kommunismus ist geplatzt. Sie hat im Gegenteil zum versprochenen Arbeiterparadies eine Diktatur, Unterdrückung und wirtschaftliches Versagen gebracht. Wer hätte in dieser Stimmung noch an der neuen Erzählung vom freien Markt und dem damit verbundenen unkontrollierbaren Turbokapitalismus zweifeln können?

Heute, mehr als drei Jahrzehnte später, sind wir um einige Erfahrungen reicher. Wir müssen erkennen, dass auch die neoliberale Erzählung ihre Versprechen überhaupt nicht halten konnte. Im Gegenteil, die soziale Schere geht immer weiter auf. Auf der *Forbes*-Liste der reichsten Menschen auf Erden finden wir unvorstellbare Zahlen. Eine kleine Gruppe einzelner Personen besitzt mehr Geld und materielle Reichtümer als die ärmere Hälfte der Menschheit zusammen. Während in den 1990er-Jahren auch noch weite Kreise des europäischen Mittelstandes an die Erzählung vom freien Markt geglaubt haben, sind wir jetzt in eine Phase eingetreten, in der der Mittelstand geradezu zerbröselt. Bauern, Wirte, Einzelhändler, kleine und mittlere Produktionsbetriebe – sie und viele mehr erwachen plötzlich in einer Welt neuer Spielregeln, die sie immer weiter an den Rand der Existenzmöglichkeiten drängen. Wie konnte das geschehen und welche Folgen haben das »Wirtshaussterben« oder die leer stehenden Geschäfte und Läden in den Dörfern und Innenstädten?

Den entfesselten Markt und seine Wirkungsweise kann man am besten an praktischen Beispielen verstehen. Dazu wäre ein Fahrrad aus dem nächsten Sportgeschäft, ein T-Shirt aus dem Laden der Modekette, das europäische

Ferkel, das zuerst mit Soja aus Brasilien gefüttert wird und dann vor der Schlachtung den halben Kontinent durchquert, um hinterher als Fleisch noch einmal eine halbe Weltreise anzutreten, und vieles mehr geeignet. Aber nachdem Sie, liebe Leserin und lieber Leser, gerade ein Buch in Ihren Händen halten, soll der sogenannte freie, in Wahrheit aber entfesselte Markt anhand des Beispiels Buch und Buchhandel beleuchtet werden.

Den Buchhandel nach dem Zweiten Weltkrieg kann man in zwei Perioden einteilen. Und zwar in die Zeit vor Amazon und in die Zeit nach dem Erscheinen des mächtigen Internet-Versandhandels. In der Zeit vor Amazon war die Welt des Buchhandels eine ziemlich konstante Angelegenheit mit Regeln, die sich über Jahrzehnte herausgebildet hatten. Ganz besonders die Margen, also die Verteilung des Geldkuchens, waren mehr oder weniger stabil auf die einzelnen Stufen des Buchgeschäftes aufgeteilt. Genau gesagt wurde der Kaufpreis in fünf Kuchenstücke aufgeteilt. Konkret sah das so aus: Der Erste, der kassierte, war immer der Staat, der sich vom Buchhändler die Mehrwertsteuer auf dem Buchpreis holte. Die Steuersätze für Bücher betragen in Deutschland 7 Prozent, in Österreich 10 Prozent und in der Schweiz 2,5 Prozent. Dann kam der Buchhändler, der ja seinen Laden inklusive Miete,

Strom, Einrichtung und so weiter finanzieren muss und auch das Personal bezahlt. Die Marge für Buchhändler betrug rund ein Drittel des Nettopreises. Wenn ein Buchhändler mehr als zehn Stück von einem Buch auf einmal bestellte, dann gaben die Verlage meist kostenlos ein elftes Buch dazu. So konnten die Buchhändler im Schnitt 35 bis 40 Prozent vom Nettopreis als Deckungsbeitrag für sich behalten. Wohlgemerkt, auch von diesem Teil ging ein schöner Anteil an den Staat zurück, denn der Buchhändler zahlt ja auch Unternehmenssteuern und hohe Steuern für die ausbezahlten Löhne.

Das dritte Kuchenstück, und zwar 20 bis 25 Prozent vom Nettoverkaufspreis, wurde für die Logistik, also die Lagerung und den Transport, bezahlt. Verlage, insbesondere die kleineren, sind ja nicht in der Lage, all ihre Bücher selbst zu lagern und sie, wenn eine Bestellung von irgendeinem Buchladen eingeht, sofort auszuliefern. Aus diesem Grund hat sich das Geschäft der spezialisierten Buchauslieferer gebildet. Diese besitzen große Lager mit Büchern aller Verlage und beliefern den Handel in einem bestimmten Gebiet, also Österreich, die Schweiz oder Deutschland.

Als nächstes Kuchenstück kamen schließlich die Autoren dran. Die bekamen im Schnitt etwa 10 Prozent vom Nettoladenpreis. Sehr erfolgreiche Autoren konnten auch einmal einen oder zwei Prozentpunkte mehr verhandeln und unbekannten Anfängern wurde meist etwas weniger angeboten. Je nachdem, wie hoch der Verlag die Verkaufschancen einstufte.

Das letzte Stück vom Kuchen, sozusagen der Rest, der übrig blieb, ging dann an den Verlag. Der ist für den Satz, den Druck und das Binden, also für die Produktion des Buches verantwortlich. Vorher müssen Verleger aber viele Manuskripte lesen, entscheiden, welches Buch sie herausgeben wollen, und es anschließend mit einem Lektorat überprüfen. Am Ende sollte der Verlag die Werke dann noch gemeinsam mit seinen Autoren bewerben und bekannt machen.

Zusammengefasst sah die Rechnung in den genannten Durchschnittswerten also etwa so aus:

Autor	10 %
Verlag	35 %
Logistik	20 %
Buchhandel	35 %
Summe	100 % (Nettopreis)
+ Mehrwertsteuer	10 %
	XX € = Ladenpreis (Bruttopreis)

Das bedeutete konkret für ein Buch um 19,90 €:

Autor	1,80 €
Verlag	6,34 €
Logistik	3,62 €
Buchhandel	6,34 €
Steuer	1,80 €

Nach diesem Prinzip funktionierte das Buchgeschäft; es gehörte noch zum Spiel der Teilnehmer, dass manchmal um einzelne Prozentpunkte zwischen diesen Stufen gefeilscht wurde. Aber große Abweichungen gab es einfach nicht. Jeder wusste und akzeptierte, dass die anderen auch ihren Anteil in etwa dieser Relation benötigen. Das ging lange ziemlich konstant so, bis der Internethändler Amazon so groß geworden war, dass es sich kein Verlag mehr leisten konnte, seine Bücher dort nicht anzubieten. Wenn ein einzelner Händler so mächtig wird, dass er ein Viertel, ein Drittel oder noch mehr von allen verkauften Büchern absetzt, dann kann kein Verlag mehr auf diesen Kanal verzichten. So ein Verzicht hätte ja zur Folge, dass pro Bucherscheinung viel weniger verkauft wird. Ein Verlag, der deutlich weniger verkauft als alle anderen, der hätte aber bald keine Autoren mehr. Und auch die laufenden Kosten würden ihn erdrücken, weil er sie dann auf weniger verkaufte Bücher verteilen müsste. Das einzelne Buch würde dann teurer und somit noch schwerer zu verkaufen. Ein Teufelskreis.

Nun war der Tag gekommen, an dem ohne Amazon im Buchhandel nichts mehr ging. Das war der Tag, an dem die Geschäftsleitung und Manager des Internetriesen zeigen konnten, wie man in einem neoliberalen System mit

Macht umgeht und wozu sie eingesetzt wird. Die Ersten, die das zu spüren bekamen, waren die Verlage. Anstatt wie bisher für Auslieferung rund 20 und Buchhandel rund 35 Prozent zu bezahlen, zog Amazon vom Nettoverkaufspreis etwa 65 Prozent für sich ab. Nachdem bei den Autoren so gut wie nichts zu holen war, blieb den Verlagen für ihre Arbeit um fast ein Drittel weniger, nämlich 25 Prozent, statt wie bisher 35. Gerade für kleine Verlage, die häufig kulturell oder literarisch besonders wertvolle Bücher veröffentlichen, ist das sehr schwierig. Solche Bücher erreichen meist nur kleine Verkaufszahlen und die Kalkulation ist hier besonders knapp. Sie können dadurch immer weniger solcher Werke publizieren. Es führt zu einer Verarmung des Kulturbetriebes.

Es kommt aber noch besser für die globalen Konzerne. Denn nicht nur bei den Verlagen wird kräftig kassiert, sie machen auch vor den Nationalstaaten und ihren Regierungen nicht halt. Man glaubt es kaum, aber in Österreich hat Amazon jahrelang mit der Regierung eine Regelung zur »Verwaltungsvereinfachung« getroffen. Diese besagte, dass der Konzern bei Bestellungen unter 20 € die Mehrwertsteuer nicht an das Finanzamt abführte, sondern einfach für sich behielt.* So kamen zu den rund

* Diese Regelung wurde inzwischen wieder aufgehoben.

65 Prozent noch einmal 10 Prozent dazu. Wenn Sie als Kunde also ein Buch in diesem Kleinbetragsbereich bei Amazon bestellten, dann kassierte der Konzern nicht 35 Prozent wie ein Buchhändler, sondern etwa 75 Prozent – also mehr als das Doppelte.

Jetzt kann man vielleicht besser verstehen, wie schwierig, ja unfair der Wettbewerb zwischen kleinen Buchhändlern und dem Großkonzern ist. Aber immerhin haben wir in unseren Demokratien ja das gute Regulativ, dass der Staat und damit seine Bevölkerung mitkassieren kann, wenn es einem Unternehmen sehr gut geht und hohe Gewinne anfallen. Hohe Gewinne in den Bilanzen lösen ja hohe Steuern aus – könnte man gutgläubig meinen. Es ist aber nicht so in der neuen Zeit, in der »es die freien Märkte machen«!

Denn internationale Großkonzerne bezahlen oft keine oder »symbolische«, also sehr geringe Steuern auf ihre Gewinne. In der neoliberalen freien Wirtschaftswelt ist es möglich, dass ein global agierender Konzern überall dort Tochtergesellschaften gründet, wo Steuern besonders gering oder nur in nicht nennenswerter Höhe bezahlt werden müssen. Während früher alle Beteiligten, vom Autor über den Verlag bis zum Handel, ein Stück vom Kuchen bekamen, wenn ein Buch erfolgreich verkauft wurde, kassiert jetzt also ein globaler Konzern praktisch die ganze Wertschöpfung für sich alleine. Und während früher jeder, der ein Stück vom Gewinn erhalten hat, seinen Teil brav versteuert und mit dem Staat und damit allen Bürgern geteilt hat, denkt der internationale Konzern überhaupt nicht daran, in den Nationalstaaten Steuern zu bezahlen, obwohl er dort seine Wertschöpfung abholt. Unsozialer geht es nicht. Und die Politik schaut untätig zu. Ein Schelm, wer jetzt denkt, dass Politiker von der Macht der globalen Konzerne gelenkt würden.

Auch gehört der Gründer und Großaktionär von Amazon zu jener Handvoll der superreichen Menschen, die mehr besitzen als die ärmere Hälfte der Menschheit zusammen. Welchen Sinn ergibt das? Kein Mensch kann einen persönlichen Nutzen ziehen oder gar ein besseres Leben führen, wenn er 100 Milliarden Euro oder Dollar – oder noch mehr – besitzt. Welchen Sinn ergibt es, wenn Laden für Laden schließen muss? Die Buchhändler sind ja nur ein Beispiel. Dem kleinen Tischler, der plötzlich einem total unfairen Wettbewerb gegen ebenso de facto steuerfrei agierende Möbelkonzerne ausgesetzt ist, geht es genau gleich. Wie soll der Tischlermeister, der ein Leben lang vor Ort die Mitarbeiter bezahlt, Steuern an Gemeinde, Land und Bund abgeführt, alle

Umwelt- und Arbeitssicherheitsvorschriften eingehalten hat, gegen einen Konzern konkurrieren, der in Billiglohnländern ohne Sozial- oder Umweltauflagen um einen Bruchteil der Kosten produziert und obendrein keine Steuern bezahlt?

Oder auch die Schuster, die wenigen, die es noch gibt, die bezahlen für jeden Schuh, den sie in Österreich oder Deutschland herstellen, viel mehr Steuern, als ein Importeur von Billigstware für den gesamten Kaufpreis zu bezahlen hat. Der Import von Billigschuhen aus Ländern, in denen sklavenarbeitsähnliche Bedingungen herrschen, der ist in der EU steuerfrei. So wird eine Konkurrenz für die heimischen Schuhhersteller ermöglicht, die das regionale Handwerk zerstört.

Diese Beispiele zeigen das wahre Gesicht des neoliberalen Kapitalismus. Wie lange wollen wir noch untätig bleiben? Wie lange wollen wir weiter aus Bequemlichkeit dieses System mit unserem Kaufverhalten unterstützen?

Das einzig Entscheidende ist das, was wir Menschen tun. Nicht was wir reden, schreiben oder gar von anderen erwarten. All das ist vollkommen bedeutungslos. Wichtig ist nur, was wir tun. Am Buchbeispiel festgemacht, geht es darum, ob wir bereit sind, den Weg in den Buchladen auf uns zu nehmen und damit den Händler überleben zu lassen, oder ob wir lieber per Mausklick im Internet bestellen.

Dabei ist das Ziel nicht, einen Superreichen zu verurteilen, weil er seinen Konzern so aufgebaut hat. Schimpfen und verurteilen belastet am Ende immer auch unsere eigene Seele. Viel wichtiger ist dieser klare Blick, der uns die Dinge einfach so sehen lässt, wie sie sind. Im geschilderten Fall ist es vor allem ein Blick auf das System und die Spielregeln, die so eine Entwicklung zulassen. Der Mensch, der das ausnutzt und seinen Konzern darauf aufbaut, ist da nur am Rande interessant. Es gilt also: zunächst ohne Bewertung hinschauen, und erst danach wird es wirklich entscheidend. Dann kommt unsere Handlung – unser Tun. Und dabei sollten wir hoffentlich aus dem Erlebten und Beobachteten gelernt haben.

Doch dieses verrückte neoliberale System, in das wir hineingeraten sind, wird verschwinden, da bin ich mir sicher. Es wird verschwinden, wie auch alle großen Reiche und Systeme der Menschheit verschwunden sind. Keines davon hat sich als unsterblich erwiesen. Auch wenn darin angeblich die Sonne nie unterging. Auch wenn die angehäufte Macht und der Reichtum so unvorstellbar groß und blendend waren. Sie sind sogar untergegangen, wenn sie große Kulturschätze geschaffen haben. Trotz aller Schlösser, Tempel und goldener Bauten – immer waren es Systeme, die letztlich auf Macht, auf Unterdrückung und Ausbeutung aufgebaut waren. Immer waren es dann die Sieger, die die Geschichte so geschrieben haben, wie sie selbst sie hören wollten oder noch konnten. An einer objektiven Geschichtsschreibung sind Sieger nicht interessiert. Vielmehr wollen sie eine für sie selbst günstige neue Erzählung schaffen. Aber trotz alldem sind sie am Ende untergegangen und verschwunden.

Niemand muss sich bemühen, anstrengen oder gar in einen Kampf ziehen, damit unsere geldzentrierte Epoche des zerstörenden Kapitalismus den Weg in die Bedeutungslosigkeit geht. Wie die Dinge derzeit stehen, wird das sogar ziemlich schnell gehen. Und die handelnden »Superstars« werden noch viel schneller vergessen sein als andere Herrscher vor ihnen. Außer großen Schäden fällt sehr wenig Bedeutendes auf, das sie der Menschheit hinterlassen haben werden.

Viel wichtiger und auch interessanter erscheint mir die Frage, wohin die Reise nach dem neoliberalen System von Geld- und Machtgier geht. Für die künftige Entwicklung gibt es natürlich bedeutende Leitschienen. Der natur- und umweltzerstörende Wahnsinn, den unsere Gesellschaften derzeit praktizieren, geht sich sicher nicht mehr aus. Nebenbei ist er auch vollkommen unnötig und die technischen Alternativen stehen weitgehend fertig zur Verfügung. Wir können gar nicht mehr entscheiden, ob wir in Zukunft mit der ressourcenfressenden Wegwerfwirtschaft weitermachen oder doch zur Kreislaufwirtschaft übergehen. Ob wir weiterhin fossile Erdöl-, Gas- und Kohle-Junkies bleiben oder zu erneuerbaren Energien und vor allem zu viel sparsameren Technologien wechseln. Unser bisheriger Lebensstil ist auf Ausbeutung und Zerstörung des Planeten aufgebaut. Doch wir haben nur diese eine wunderbare Erde. Eine zweite gibt es nicht, wir haben also keine Wahl, als auf moderne Weise einen Weg wiederzufinden, den schon viele Kulturen vor uns gegangen sind. Wir müssen das Leben wieder in Einklang mit den Stoffströmen der Natur bringen. Der Weg gegen die Natur zerstört am Ende uns und unsere Kinder.

Das zweite Thema, das uns in die Zukunft begleiten wird, ist die enorme soziale Schere, die wir in kurzer Zeit haben aufgehen lassen. Wir benötigen vollkommen neue, regionale, autarke Lebenseinheiten. Wohlstand muss von globalen Lieferketten unabhängig werden. Das Glück ist ohnehin unabhängig vom Konsumwahn. Dafür muss zunächst einmal die allgegenwärtige Werbung und Manipulation wieder auf ein erträgliches Maß zusammengestutzt werden. Medien müssen wieder der objektiven Berichterstattung verpflichtet werden.

Wenn wir uns so auf die Suche nach guten Wegen in die Zukunft machen, dann wird schnell klar, dass wir es uns nicht mehr leisten können, eine nächste Runde zu drehen in diesem alten Muster und mit der ständigen Frage: »Wer ist morgen der Mächtigste auf dieser Welt?« Die Machtbesessenen, die »Macher«, die selbst- und medieninszenierten Leader und Politmanager – sie haben uns dorthin geführt, wo wir heute stehen. Sie sind verzichtbar geworden. Sie sind Teil des Problems.

Wenn ich vorher geschrieben habe, dass alle Systeme untergegangen sind, so muss ich das einschränken. Alle jene Menschenreiche und Systeme sind untergegangen, die auf Macht, Herrschaft, Unterdrückung oder Ausnutzung anderer aufgebaut waren. Es gibt aber wunderbare Systeme und Lebensmuster, die niemals untergegangen sind. Es gibt die Konzepte, die wir für eine gute Zukunft brauchen. Ganz deutlich, jedes Jahr aufs Neue und für alle sichtbar, lebt uns der Kirschbaum so ein Konzept vor. Er kennt keine hemmungslose Machtmaximierung oder Gewinne auf Kosten anderer. Das Einzige, was ihn interessiert, sind gelungene, gute Beziehungen zu seinen Nachbarn. Jedem bietet er unaufdringlich seine

Freundschaft an. Würde er, so wie wir Menschen in unseren Unternehmen, jedes Jahr eine Bilanz aufschreiben, so wäre das die Bilanz der geglückten Beziehungen.

Die Bilanzen der Zukunft dokumentieren nicht mehr, wie viel Geld und Macht angehäuft wurde. Sie dokumentieren stattdessen, wie viel Gutes für Mensch und Mitwelt durch die Arbeit eines Unternehmens geglückt ist. Die Lebensbilanzen der Zukunft zeigen, wie viele echte Freunde wir haben. Wie viele Wesen jeden Morgen aus ganzem Herzen zu uns sagen: »Es ist so ein Glück, dass es dich gibt!«

Die Weisheit des Kirschbaums ist es, ein ganzes Leben dafür zu arbeiten, damit es allem Leben auf Erden gut und besser geht. Nicht das Tauschmittel Geld, sondern echte Herzensfreunde sind das Ziel der Zukunft. Das ist es, was uns der Kirschbaum sagen will: »Schaut endlich auf das Wichtige. Schaut auf das Leben. Gebt euch hin für das unendliche, große und gleichzeitig so zerbrechliche und schutzbedürftige Leben. Das ist der einzige Weg, der euch am Ende hebt und weitet. Es ist der Weg der Liebe. Vergesst endlich eure unsinnigen Illusionen von Geld, Macht und Herrschaft. Sie zerbrechen jeden, der den Pakt mit ihnen schließt.«

Und Hummeln und Bienen, Wildschwein, Dachs und all die anderen Freunde des Baums –

sie zeigen uns, dass es kein Weg der traurigen Entsagung, sondern ein fröhlicher Weg ist, mitten in das Leben hinein. Ja, es klingt vielleicht ein wenig naiv, diese Hoffnung auf eine bessere Welt, die nicht sehr realistisch erscheint. Aber tatsächlich erweist sich das Kirschbaumprinzip als kraftvolle Lebensstrategie, die in der Lage ist, jedem, der sie ausprobiert, die Bedeutung von Freude und Liebe unmittelbar zu zeigen. Es ist das Erfolgsprinzip des Lebens.

Kapitel 3

IM WALD GIBT ES KEINE VERLIERER

Es ist nichts Neues: Die Menschheitsgeschichte wurde und wird stets von den Siegern geschrieben. Von denen, die zumeist Wege gegangen sind, die mit dem Blut ihrer Opfer getränkt waren. In der Geschichtsschreibung wird das oft nur am Rande erwähnt. Da wird vor allem von den gewonnenen Schlachten, den großen Imperien und eben all dem Glanz der Sieger berichtet; die Opfer werden nur nebenbei erwähnt. Dabei scheint es, als gäbe es ein besonders grausames ungeschriebenes Gesetz: Je mehr Opfer ein Individuum erzeugt, desto sicherer ist ihm ein Platz in den Geschichtsbüchern. Bekannte Beispiele dieses Schreckens aus der jüngeren Geschichte sind die Diktatoren Mao, Stalin und Hitler, die den Tod von insgesamt rund 150 Millionen Menschen verursacht haben.

Die Blutmühle der Menschengeschichte reicht so lange zurück, wie es das Streben um

Macht, um Ausweitung des Territoriums, um Geld und Bodenschätze gibt. In dem Augenblick, in dem ein Mensch ganz fest daran glaubt, dass der maximale Besitz von Geld und Macht das höchste Lebensziel ist, beginnt sich das blutige Rad erneut zu drehen. Ein Rad, in dem am Ende scheinbar der gewinnt, der am meisten Leiden, Leichen oder zumindest abhängige Opfer erzeugt hat. Dabei geht es nicht immer um Massenmord. Nein – Opfer entstehen heute auch dadurch, dass möglichst viele Menschen abhängig gemacht werden. Konsumsüchtige, die zugunsten des Immer-mehr-haben-Wollens ihre Urteilsbildung, ihre Verbindlichkeit in Beziehungen zu Mensch und Natur einbüßen, sind genauso Opfer für die unsichtbaren Sieger, die nur an ihrem Geld interessiert sind. Die sie benutzen und manipulieren, um fragwürdige Geschäftsmodelle am Laufen zu halten. Das Dauerfeuer immer raffinierterer Werbung und Verlockung tötet geistig. Es stiehlt Lebenskraft und Freude. Konsumabhängigkeit wird mit Milliardenbeträgen gefördert, um Geschäfte zu machen, die Geld für wenige bringen und ansonsten nur Schaden anrichten. Eine Wegwerfgesellschaft, die ernsthaft daran glaubt, dass es uns Menschen nur dann gut geht, wenn wir wie die Wahnsinnigen immer mehr, immer schneller produzieren, die benutzt die Manipulation der

Massen als Strategie, damit das zerstörende Handeln weitergeht. Am Ende gibt es dabei nur Verlierer. Die Konsumenten, die ihr Glück im Einkaufen suchen, müssen immer mehr kaufen, um zumindest kurzfristig Glücksmomente zu erhaschen. Sobald ein Kauf getätigt ist, erscheint das neuere Modell in der Werbung. Schon wieder muss also konsumiert werden, muss mit den Konsumgütern anderer verglichen werden. Es ist ein Hamsterrad, in dem das soziale Erschöpfen und Absterben droht. Aber auch die wenigen, die finanziell profitieren, sind am Ende vereinsamte Verlierer. Denn Glück kann man niemals kaufen. Und Geld ergreift sehr schnell selbst Besitz von seinem vermeintlichen Besitzer. Da bleibt kein Raum für Brüderlichkeit, Gleichheit, Gerechtigkeit. Und es bleibt keine Zeit für die Wege zur eigenen Seele, die jeder Mensch gehen sollte. Die dritte Verliererin, das ist unsere große Gastgeberin, die Mutter Erde. Die Herrschaft des Geldes verwüstet unseren Planeten in atemberaubender Geschwindigkeit.

Ja, es gibt nur Verlierer in einem System, in dem das Geld vom nützlichen Tauschwerkzeug zum dämonischen Herrscher geworden ist. In einem System, in dem immer nur derjenige der Sieger ist, der viel mehr Geld hat als alle anderen. Wohlgemerkt: viel mehr. Es würde gar nichts helfen, wenn alle genug hätten. Dann gäbe es ja keinen Sieger. Und genau das ist das Teuflische: Jeder Sieg erzeugt zwangsweise Verlierer. Denn ohne Verlierer, ohne Opfer kann es keinen Sieger geben. Oder anders gesagt: Wenn alle gewinnen, dann erscheint der Sieg des Einzelnen viel weniger wert. Das Bedürfnis, besser dazustehen, mehr Macht zu gewinnen, das entsteht durch Angst. Doch Angst im Herzen des Menschen führt zum Kampf um den vermeintlichen Sieg, der das Leben verbessern soll, zumindest aber die Angst verstummen lassen.

Wenden wir unseren Blick in eine Welt, in der es keine perversen Machtspiele gibt. Im Wald gibt es keine Verlierer, nur weil jemand Sieger sein muss. Der Kirschbaum ist kein Einzelgänger. Er lebt die Lebensart aller Bäume, und die haben noch nie etwas davon gehört, dass sie an die Macht des Geldes, an Sieger und an ewigen Kampf glauben müssen. An ihnen haben sich ganz andere Strategien bewährt und erhalten. Die Beziehung mit allem Leben, das sie berührt, die muss glücken, dann gelingt auch das eigene Dasein. Darum geht es: um gute Nachbarschaft, um Kooperation mit allen anderen. Wenn das gelingt, dann können Gefahren viel leichter und besser gemeistert werden. Der Wald weiß ganz genau, dass Sturm, Trockenheit, Krankheit und jede andere

Herausforderung seit Jahrmillionen immer nur im gemeinsamen Zusammenhalt aller Bäume überstanden wurden.

Aber nicht nur Bäume gehören zum erfolgreichen Team Wald. Vom größten Baum bis zum kleinsten Einzeller verstehen sich alle als große Gemeinschaft. Seit Urzeiten wurde in dieser Gesellschaft alles Mögliche versucht und ausprobiert. Aber noch nie konnte sich eine Art als wichtiger oder gar wertvoller über die andere erheben. Noch nie hat sich jemand durchgesetzt, der den anderen Angst gemacht hat, damit er sie manipulieren kann. Noch nie hat es Sieger gegeben, die für ihren eigenen Machterhalt das Opfer von Millionen anderer Lebewesen einfach in Kauf nehmen. Stattdessen zeigt uns die Natur tagtäglich in jedem ihrer unzählbaren Lebensräume und Gemeinschaften, dass das Leben am besten gelingt, wenn alle als große Familie ihre ganz unterschiedlichen Talente einbringen und sich gemeinsam auf den Weg machen. Gerade in der heutigen Zeit ist dieses Beispiel so wichtig für uns Menschen.

Die Menschheitsfamilie ist wunderbar und hoffnungsvoll. Wir Menschen können gemeinsam unsere Probleme lösen. Unsere Weltraumteleskope schauen so weit in das Weltall wie noch keine Generation vor uns. Die Physik blickt so tief in die Materie, bis sie sich in ihre kleinsten Teilchen auflöst und sich am Ende als schwingende Energie zeigt. Wir haben Kulturen hervorgebracht, die jahrhunderte-, ja jahrtausendelang im Einklang mit der umgebenden Natur glücklich und ohne jegliche Zerstörung gelebt haben. Wir haben heute Technologien, die uns weitere wunderbare Entwicklungen ermöglichen. Biologische Landwirtschaft mit hochwertigen, giftfreien Lebensmitteln für alle ist möglich und machbar. Die Böden werden dabei verbessert und wertvoller Humus aufgebaut, Artenvielfalt ermöglicht und die Zukunft bewahrt. Auch Fortbewegung ohne fossile Treibstoffe ist möglich. Wenn es manchmal langsamer geht, so ist das am Ende gewonnene Zeit und Lebensqualität – sonst nichts. Wohnen in Häusern, die nicht nur abfallfrei und energieautark sind, sondern auch noch Oasen der Gesundheit und Stärkung – das ist hundertfach gebaute und beherrschte Realität. Trotzdem spreizen sich überall noch angstgetriebene alte Machtsysteme gegen den neuen Fortschritt zum Wohle aller.

Das Potenzial der Menschheitsfamilie ist riesengroß. Damit wir es endlich heben und nutzen können, brauchen wir eine neue Verbundenheit, ein neues Miteinander nach dem Bild des Kirschbaums. Wir Menschen sind nicht auf die Erde gekommen, damit wir als vermeintliche Sieger viele Opfer hinterlassen. Wir sind hier, damit wir die Tiefen unserer Seele kennenlernen. Damit wir vielleicht etwas vom ewigen Geheimnis unserer eigenen Schöpfung spüren, finden oder ahnen. Damit wir in Freude, Liebe und Dankbarkeit fallen können. Damit wir aus unserem Innersten lachen und weinen, singen und tanzen, fühlen und hören. All das und noch vieles mehr kann aber nur gelingen, wenn wir alle anderen Wesen auf Erden in Kirschbaumart als vertraute Freunde spüren und das in unseren Handlungen auch leben. Nur was gelebt wird, zählt. Schöne Worte, auch wenn sie ganze Bücher füllen, sind vollkommen wertlos, wenn sie nicht zum Tun führen. Worte ohne Taten sind zu wenig. Es ist sinnlos, wenn wir, wie neuerdings, politische Korrektheit einführen und -fordern und gleichzeitig im alten, brutalen Muster die Herrschaft der Macht und des Geldes anbeten. Tun ist das Zauberwort der Veränderung. Tun bedeutet auch, dass es darauf ankommt, was ich persönlich in meinem Leben treibe.

Sieger können noch so mächtig sein. Selbst wenn sie in der Lage sind, die Geschichtsbücher der Menschheit zu schreiben, verschwindet kein einziges Opfer, das sie hinterlassen haben. Was der Mensch tut, das zählt. Nicht was er erzählt. Verbundenheit mit der Natur, das Leben, die Beziehung zu meinem Partner, zu einem Lebewesen fördern. All das kann nicht herbeigeredet werden. Es gelingt nur durch Tun.

Die Weisheit des Kirschbaums, der Wert seiner Verbundenheit zu allen Wesen wird für uns erst dadurch verständlich und erreichbar, weil er sie uns einfach vorlebt. Das hat sich bewährt, seit es Leben auf unserem Planeten gibt. Für menschliche Zeitbegriffe könnte man fast sagen: seit Ewigkeiten. Was sich hingegen aus der Sicht solcher langen Zeitbegriffe gar nicht bewährt hat und was noch nie lange gedauert hat, das sind von Menschen geschaffene Imperien und Machtsysteme, die auf dem Rücken unzähliger Opfer aufgebaut wurden. Die Menschheit hat ja unvorstellbare Machtzentren hervorgebracht. Die Reiche der Ägypter, Perser, Griechen, Römer, Mongolen und so weiter und so fort – sie alle sind weg. Verschwunden. Obwohl sie zu ihrer Zeit für absolut und unüberwindbar gehalten wurden – obwohl sie sich selbst zu Halbgöttern und Göttern erklärt haben, obwohl sie ihre Glaubenssätze und Erzählungen zum Teil grausam durchgesetzt haben. Sie sind weg. Ob es die heutigen Supermächte Amerika oder China, Russland oder das neoliberale Wirtschaftssystem, der Kapitalismus oder sonst ein anderes Machtsystem sind, sie werden verschwinden.

Das ist die nächste große Fehleinschätzung aller sogenannten Sieger. Wer bereit ist, um jeden Preis zu siegen, auch um den Preis aller Opfer, die dabei entstehen, der denkt irgendwann: »Ich bin so mächtig, dass ich zeige, wo es langgeht.« Aber wer so denkt, der vergeht ganz bestimmt, weil er das Einzige verloren hat, was bleibt. Und das ist die Liebe. Nur sie ist unsterblich. Nur sie ist es wert, daran zu glauben, sein Leben dafür einzusetzen. Wer in Liebe zu allem Leben sein Bestmögliches tut, der ist davor geschützt, ein Sieger zu werden, der alle Opfer in Kauf nimmt. Wer an die Liebe glaubt, der kann aus den Lebensquellen Dankbarkeit und Mut schöpfen. Die liebevolle Verbundenheit zu allem, das ist die beste Versicherungspolizze. Nicht nur für uns selbst, sondern auch für alle Kinder, Enkelkinder und Generationen nach uns.

Kapitel 4

ANGSTFREI UND LEBENSFROH

»Angst und Geld – das hatte ich noch nie!« Diesen Satz, begleitet von einem verschmitzten Lächeln, habe ich von meinem jüngsten Sohn gehört, als er sich in seiner Sturm-und-Drang-Zeit einige Jahre allein und ohne elterliche finanzielle Unterstützung durch die Welt geschlagen hatte. Tatsächlich hatte er damit ein Geheimnis verraten, das seinen ungewöhnlichen Weg in der Jugendzeit wohl erst möglich gemacht hatte. Mit 16 Jahren war er von Daheim weggezogen. Fünf Jahre lang war er dann auf sich gestellt, kam danach zurück und absolvierte erfolgreich drei Berufsausbildungen. In der Rückschau ist ein junger Mann herangereift, um den sich seine Eltern wirklich keine Sorgen machen müssen. Für die war es in der Zeit seiner Abwesenheit natürlich weniger lustig. Das soll auch nicht verschwiegen oder beschönigt werden.

Aber, um wieder auf seinen Spruch zum Thema keine Angst und kein Geld zurückzukommen: Ich bewundere ihn wirklich für seine Furchtlosigkeit, die er immer wieder zeigte. Benedikt hat nach seinen Wanderjahren die Ausbildung zum Forstwart, zum Landwirt und zum Metzgergesellen abgelegt und auch geraume Zeit als Hufschmied gearbeitet. Als Metzgerlehrling war er es, der einen vor der Schlachtung entlaufenen Stier eingefangen und zurückgebracht hat. Das geht wirklich nur mit großem Mut im Herzen. Das Bild vom jungen Mann, der einen rasenden Stier entschlossen am Nasenring packt und einfängt, ist sicher ungewöhnlich und extrem. Aber wer es schafft, auch an die viel kleineren, tagtäglichen Herausforderungen unerschrocken, entschlossen und mutig heranzutreten, der hat allein durch diese Haltung schon die Hälfte seiner Probleme gelöst. Wer hingegen ängstlich und erschrocken bleibt, der lähmt sich selbst. Er kommt viel schlechter und oft mit Schäden durch die Prüfungen des Lebens.

Das Wort Angst hat seine indogermanischen Sprachwurzeln im Wort *angu,* was so viel wie »verengen« bedeutet. Auch das lateinische Wort *angustia* bedeutet Enge. Wer in Angst und Mutlosigkeit verharrt, der verengt tatsächlich. Angst verengt zweifellos unsere Reaktionsmöglichkeit, vor allem aber das aktive Handeln. Neben diesem hinderlichen, beschränkenden und negativen Aspekt hat die Angst aber auch eine zweite Seite. Und die ist lebensrettend, ja überlebensnotwendig. Diese positive Angst bewahrt uns vor tollkühnen, unüberlegten und lebensgefährlichen Handlungen. Beide Seiten der Angst leben in uns. Die eine lähmt, die andere schützt uns. Sobald wir uns diese beiden Seiten der Angst bewusst machen, wird einiges klar. Wehe dem, der sein Leben lang aus lähmenden Angstgefühlen nicht herauskommt. Und genauso wehe dem, der wahnwitzig und ohne jedes schützende Angstgefühl in sein Verderben rast.

Wenn in jedem Menschen die Angst als Schutzmechanismus angelegt ist, dann wirkt das in uns unbewusst, reflexartig und kann zunächst nicht aktiv gesteuert oder abgestellt werden. In der Angst entscheidet der Mensch irrational. Damit wird es auch möglich, Menschen durch das Verbreiten von Ängsten zu manipulieren und zu lenken. Im Marketing unserer Konsumwelt ist deshalb das Streuen von Ängsten ein tagtägliches Routinegeschäft. Man denke nur daran, welche Milliardenbeträge Menschen für Kosmetika ausgeben, die angeblich vor dem Älterwerden schützen. Die Angst vor dem Altern lässt dieses Geschäft blühen. Immer wieder erlebe ich Bauherren, die ihre Heizsysteme viel zu groß bauen, weil sie einfach Angst haben, es könnte doch zu kalt werden. Und wie viele Lebensmittel werden täglich weggeworfen, weil Menschen zu viel gekauft haben – auch aus einer subtilen, oft unterbewussten Angst heraus, doch einmal hungern zu müssen oder einfach nur zu wenig zu bekommen. Auch in der Politik ist das Ängsteschüren eine immer wieder angewandte Taktik. Immer wenn Ängste hervorgerufen werden, sollten daher unsere inneren Alarmglocken läuten. Am besten ist es, die Frage zu stellen: »Wem nützt das?« Allein dadurch lässt sich manches besser sehen.

Fassen wir also zusammen: Die Angst in uns hat zwei Seiten. Die eine Seite ist die schützende, die uns von Gefahren fernhält. Die zweite Seite ist der lähmende Aspekt, der uns verengt und den Zustrom der Lebensquellen in uns wie Zuversicht, Hoffnung, Mut oder die Liebe selbst mehr und mehr verringert.

Angst ist die größte Ursache für alle Tragödien der Menschheit. Ein guter Umgang mit Angst ist daher nicht nur für den Kapitän, Manager, Bergführer oder Verantwortlichen in einer Krise das allererste Gebot, denn in schwierigen Situationen sind Panik und irrationale Ängste doppelt schädlich. Gerade wenn reale Gefahr droht, ist es wichtig, Ruhe zu bewahren, durchzuatmen und dann beherzt aber besonnen zu handeln. Auch im ganz normalen, täglichen Leben zerstören ausufernde und negative Ängste jederzeit das Gelingen unserer Beziehungen und das Wachsen und Weiten unserer Herzen. Glücklich ist daher, wer mutig und angstfrei lebt und trotzdem die Vorsicht vor realen Gefahren nicht verliert.

Ich bin fest davon überzeugt, dass jeder Mensch unbegründete, lähmende Ängste überwinden, zumindest aber sehr weitgehend abbauen kann. Und das Schöne dabei ist, dass es leichter geht, als man glaubt. Für mich habe ich drei Regeln gefunden, die mir immer wieder geholfen haben, Ängste zu überwinden. Das gelingt auch, wenn man schon länger in Angst lebt und sich die Lähmung im Herzen eines Menschen schon weit ausgebreitet hat.

Die erste Regel heißt: *die Angst annehmen*. Wenn Sie Ängste spüren, dann sollten Sie diese nicht bekämpfen oder mit Gewalt unterdrücken. Im Gegenteil – begrüßen Sie Ihre Angst in aller Form. Genauso, wie Sie einen wichtigen Gast in Ihrer Wohnung begrüßen, auch wenn Sie diesen lieber nie sehen würden. Wenn er aber jetzt anklopft, dann ist er da. Begrüßen Sie Ihre Angst in aller Form. Machen Sie sich bewusst, dass sie niemals grundlos kommt. Das Anklopfen der Angst bedeutet, dass für Sie eine Aufgabe bevorsteht, deren Lösung neue Türen und neue Lebensräume öffnet. Das ist der positive Blick, mit dem Sie Ihrer Angst begegnen können. Vor allem bedeutet das aber, dass Sie Ihre Angst, diesen neuen Gast, genau beobachten und ihn geradezu neugierig kennenlernen wollen.

Die zweite Regel heißt: *Zeit nehmen*. Angst und Eile sind ein toxisches Gemisch. Wer Angst hat und auch noch hetzt, der braut das Gift gegen sein eigenes Leben. Je größer die Angst, desto ruhiger – ja gemütlicher – sollten Sie es angehen. Damit ist nicht nur ein tiefes Durchatmen gemeint. Vielmehr sollten Sie bereit sein, in die Materie, die Ihre Angst verursacht, so tief wie möglich einzutauchen. Je mehr Wissen und Information Sie über Ihr persönliches Angstthema besorgen können, desto besser ist es. Das kann Tage dauern, manchmal aber auch Wochen, Monate oder sogar Jahre. Wer angstfrei einen Stier fangen will, der muss mit dessen Wesen sehr vertraut sein. Ja, er sollte geradezu seine Seele spüren können. Das gelingt sicher erst nach langem Umgang mit diesen Tieren. Und gerade in der Begegnung mit Tieren wird die Bedeutung des Faktors Zeit besonders sichtbar.

Neben unserem Forschungszentrum, in dem sich auch mein Büro befindet, gibt es, malerisch zwischen Wald und Wiesen gelegen, unseren Waldkindergarten. Nun ist meine Hündin Ronja immer schon nicht nur meine ständige Begleiterin, vielmehr inspiziert sie auch gern die ganze Gegend zwischen Büro und Kindergarten. Im Herbst, wenn neue Kinder zum ersten Mal ihre Gruppe besuchen, wird sofort sichtbar, welche von ihnen zu Hause keinen Hund haben und vorsichtig bis ängstlich auf die Besuche von Ronja reagieren. In dieser Zeit versuche ich immer darauf zu achten, dass es keine ungeplanten und unbeaufsichtigten Zusammentreffen der Kinder mit dem Hund gibt. Bis zum Jahresende hat sich die Situation dann meist vollkommen entspannt. Manche Kinder verfolgen spielend die Hündin, wenn sie auftaucht. Andere sind immer noch zurückhaltender, aber bei Weitem nicht mehr so ängstlich. Die Zeit und die immer wiederkehrenden Begegnungen haben in kleinen Schritten die anfängliche Angst der Kinder vor der doch großen Hannoveraner-Hündin in Vertrauen und kindlich-spielerische Freude umgewandelt. Ähnliches beobachte ich im Kontakt zwischen den Kindern und den Pferden, die rund um den Waldkindergarten weiden. Im Laufe der Zeit verringert sich die Distanz der Kinder zu den großen Tieren immer mehr. Das geschieht aber ganz offensichtlich nicht einseitig durch die Kinder. Auch die Pferde werden ruhiger, gewöhnen sich an die Kinder und lassen immer mehr Nähe zu.

Niemand hat bewusst an diesen Beziehungen gearbeitet. Das Vertrauen wächst stetig durch die Zeit des Nebeneinanderseins.

Die Angstüberwindung in relativ kurzer Zeit von nur einigen Tagen gelingt am besten durch die dritte Maßnahme: *das aktive Tun*. Als junger Mann habe ich neben meiner Ausbildung in den Sommerferien Unterricht in einer Bergsteigerschule gegeben. Da erlebte ich immer wieder Menschen mit scheinbar unüberwindbaren Ängsten vor steilen Abgründen. Diese Ängste waren nicht nur lähmend. Nein, es war außerordentlich gefährlich, mit solchen Menschen schmale Steige oder Klettereien über große Abgründe zu riskieren. Die Kurse fanden immer im Hochgebirge statt, mit derart ängstlichen Menschen plante ich jedoch vorerst keine großen Touren ein. Stattdessen besuchten wir ein Geröllfeld mit lauter Steinblöcken von ungefähr einem bis vier Meter Durchmesser. Zwischen den Blöcken gab es meist Freiräume, Spalten und Klüfte von einem halben bis zu zwei Metern. Am Beginn wurde das Gehen und Stehen auf schrägen Flächen versucht, dabei haben wir dann nur an den Blöcken unser Gefühl erlebt. Die Grenzen der Reibung und des Kontakts von Schuh und Fels wurden nach und nach ausgelotet. Anfangs sehr statisch, und dann immer bewegter, bis wir am Ende gemeinsam und immer weiter von Fels zu Fels springen konnten. Spielerisch, beinahe am Fels tanzend, verschoben die Kursteilnehmer rasch ihre Angstschwelle und konnten sich schnell über neue Bewegungsfähigkeiten am und im Felsgelände freuen. Ohne Ausnahme wurden dabei immer sehr schnell beachtliche Fortschritte gemacht. Und ohne Ausnahme war die Begeisterung über den neuen Mut und das neue Selbstvertrauen im Fels nach einigen Tagen oder spätestens ein, zwei Wochen riesengroß. Eine Tour im Steilgelände war dann meist der krönende Abschluss der Angstüberwindung. Natürlich ist der Kurs auf einer hochalpinen Schutzhütte ideal, weil jede äußere Ablenkung fehlt. In so einem von außen geschützten Bereich gelingt es, die ganze Konzentration und Energie den ganzen Tag lang auf die eine Aufgabe zu lenken. Das Geheimnis dieses Erfolges liegt in der Zeit, die ausreichend genommen wurde, um geduldig in die Materie hineinzugehen, sie zu fühlen und zu erleben. Gleichzeitig haben wir diese Zeit mit dem Tun der angstauslösenden Tätigkeit verbracht.

Erst nachdem wir unsere Angst also höflich begrüßt und sie dann gründlich näher untersucht haben, geht es an das eigentliche Überwinden der Angst. Das gelingt wohlvorbereitet durch das TUN. Wir beginnen zuerst in ganz kleinen Schritten genau das zu tun, was uns Angst macht. Das löst zuerst natürlich einen inneren Kampf aus. Die Angst selbst sagt: »Du schaffst das nicht!« Wir antworten ihr: »Ich kenne dieses Gefühl. Ich gehe deshalb hin und versuche es!« Genau das ist der Nährboden, aus dem unsere neue Stärke wächst. Es trotzdem zu tun, obwohl es schwerfällt. Das lässt uns wachsen und löst die Enge der Angst zur Weite des Mutes auf. Es ist ein ganz bestimmter Ablauf unserer Gefühle, der zur Erfahrung der Stärke wird: »Ich kenne das Angstgefühl, ich erforsche die Materie, die Welt, die mir Angst macht; ich gehe trotzdem hin – auch wenn es anfangs nur kleine Schritte sind. Ich erlebe, dass ich es schaffe. Ich erlebe, wie meine kleinen Schritte immer größer werden und neben der Angst plötzlich Freude über die Erfolge auftaucht. Ich habe meine eigene Grenze überschritten. Ich bin mutig! Die Angst ist nur mehr ein bekanntes Gefühl. Sie lähmt nicht mehr. Sie ist aufgelöst. Willkommen, meine Angst, du öffnest für mich neue Türen und bringst mich in neue Weiten und Welten.«

Ängste zu überwinden, das ist viel mehr als sie wegzudrücken oder zu tabuisieren. Wir lachen zwar über das Bild vom Vogel Strauß, der seinen Kopf in den Sand steckt, aber in vielen Lebensbereichen machen wir es genau gleich, damit wir die Gefahr nicht mehr sehen und keine Angst haben müssen. Man denke nur daran, wie sehr unsere Vergänglichkeit tabuisiert wird. Dabei kann sich ein Mensch nicht viel mehr wünschen, als all seine Todesängste aufzulösen. Einfach nicht mehr über den Tod zu reden, verstärkt die Angst, anstatt sie aufzulösen. Eine Angst überwinden heißt dagegen, aus dieser ursprünglichen, beklemmenden Angstenergie neue fröhliche Lebensfreude zu schöpfen. Es gehört zu den schönsten Augenblicken des Lebens, wenn ein Mensch erleben kann, wie er über eine seiner von der Angst gezogenen Grenzen hinauswächst, groß und mutig wird.

Die Angst in Mut und Freude zu verwandeln, ist ein Akt, der am Grunde unserer Existenz auf Erden rührt. Wir sind als Menschen hierhergekommen, um genau solche Transformationen zu erleben. Wenn wir es schaffen, diese Verwandlungen aktiv und bewusst in die positive Richtung frischer und fröhlicher Lebensenergie zu lenken, dann erleben wir Ernte. Wir sind hierhergekommen, um am Ende den Fluss allen Lebens zu feiern. Das gelingt am besten, wenn wir alle Ängste nicht nur hinter uns lassen, sondern sie auflösen und verwandeln. Der Lohn dafür fließt als Lebensfreude, Verbundenheit und neuer Mut in uns, wenn wir uns sagen: »Ich habe zwar

Angst, aber wohl vorbereitet gehe ich trotzdem hin und versuche es dennoch.«

Die Natur schenkt uns Menschen ein besonders kraftvolles und schönes Bild, wie dieser Fluss des Lebens gefeiert werden soll. Wieder einmal ist es der blühende Kirschbaum im Frühling und seine Verwandlung in die Früchtefülle des Sommers, in die bunte Farbenpracht im Herbst. Er zeigt uns Menschen eine wirkungsvolle und starke Quelle zur Auflösung aller Ängste: die vollkommene Verbundenheit mit allen anderen Lebewesen. Der Kirschbaum kennt kein kleines Ego, das ihn vom Strom des Lebens und der innigen Verbindung zu allem trennt. Er geht nicht in diese angstmachende Abgetrenntheit vom Leben und der Liebe. Im Gegenteil – er inszeniert die Feier des Lebens geradezu. Wenn das Leben blüht, dann verkümmert die Angst!

Der Welt, die wir heute sehen, muss man die Ängste nehmen. Wir müssen unseren Kindern lehren, wie es gelingt, das eigene Herz groß und mutig werden zu lassen. Das ist noch wichtiger als alles theoretische Wissen, das sie in den Schulen lernen.

In meinem Leben habe ich so viele verzagte, mutlose, ängstliche Menschen gesehen. Aber ich habe noch nie einen hoffnungslosen oder ängstlichen Baum erlebt. Bäume treiben grüne

Triebe aus, selbst wenn sie zuvor von Feuer, Sturm, Fluten oder Lawinen verwüstet wurden. Sie scheinen immer das im Blick zu haben, was möglich und gut ist. Und dann TUN sie es. Unerschütterlich vertrauen sie in das Leben. Wenn es auch noch so schlimm oder schwierig erscheint, sie tun immer den bestmöglichen, nächsten kleinen Schritt. Das ist die Haltung, die große Aufgaben löst. Wenn wir uns gegenseitig beim Vergessen lähmender Ängste unterstützen, dann tut jeder und jede das, was er oder sie gerade zur Verbesserung beitragen kann. Auch wenn das Ziel noch so weit weg scheint, schon der nächste kleine Schritt bringt uns ihm näher. Und noch etwas ist dabei entscheidend: Angst ist ansteckend, Mut aber auch. Sie können Ihren Mitmenschen einen unschätzbaren Dienst erweisen, wenn Sie Mut, Zuversicht und Hoffnung einfach vorleben. Kein Geldgeschenk dieser Welt würde ich tauschen gegen den Mut, den mir meine Mutter in den Tagen vor ihrem Tod vorgelebt hat. Gerade die Todesangst ist ja die Wurzel aller Ängste. Glücklich ist, wer den Tod nicht fürchtet!

Zum Thema Mut zum Sterben kommen mir drei Menschen in den Sinn, deren Tod mich sehr berührt hat. Der erste war ein Mann, den ich als junger Unternehmer kennenlernen durfte. Er hatte eine große Karriere in verantwortungsvollen Positionen in der Wirtschaft hinter sich und begegnete mir wohlwollend und mit manch gutem Hinweis und Rat. Ein gutes Jahr, nachdem sich in unserer Bekanntschaft immer mehr gegenseitiges Vertrauen entwickelt hatte, traf ich den damals Mitte-60-jährigen Mann in einem Hotel. Ich spürte sofort, dass mit ihm irgendetwas nicht stimmte. Unvergesslich bleibt der Augenblick, als er mir, vor einem Kaminfeuer sitzend, offenbarte: »Ich habe die Diagnose Leberkrebs bekommen. Aber Herr Thoma, Sie kennen meinen starken Willen. Mit aller Kraft meines Willens werde ich nicht zulassen, dass dieser Krebs mein Leben jetzt schon beendet. Ich lasse ihn nicht weitermachen.« Sein Gesicht wirkte vollkommen entschlossen.

Ich war erschüttert. Irgendwie spürte ich, dass er soeben einen Kampf gegen sich selbst ausgerufen hatte. Umgekehrt wusste ich, welch erfolgreichen Lebensweg er – nicht zuletzt dank starkem Willen und Disziplin – hinter sich hatte. Ich konnte ihn nur umarmen und ihm von Herzen alles Gute wünschen. Nur wenige Monate später starb er.

Eine ganz andere Reaktion auf das sichtbare Herannahen des Lebensendes erlebte ich Jahre später. Als ich gut 20-jährig mein Revier als Förster in der Hinterriß im Karwendelgebirge übernahm, war der benachbarte Förster im Bächental ein gewisser Oberförster Helmut Kaserer. Obwohl unsere beiden Gebiete kilometerlang am Höhenrücken zwischen dem Rißtal und dem Bächental aneinandergrenzten, war der Weg von meinem Forsthaus zu seinem auf den damals schmalen Straßen eine Fahrt von knapp einer Stunde. Zuerst wurde ich, vor allem wegen meiner Jugend, von den wenigen Bewohnern der abgeschiedenen Karwendeltäler etwas argwöhnisch beobachtet. Helmut sollte sich aber bald als der väterliche Freund zeigen, der er mir dann immer geblieben ist. Eine bestimmte Geschichte habe ich ihm nie vergessen – jung und unerfahren wie ich war, war mir ein Missgeschick passiert, für das ich mich noch lange danach schämte: Als Förster mussten wir auch dafür sorgen, dass der Wildbestand nicht zu hoch wurde, und so gerade beim Abschuss weiblicher Tiere ohne Jagdtrophäe tatkräftig mithelfen. Eines Abends schoss ich unweit der Grenze zu Helmuts Revier auf ein Tier, das nach dem Schuss wegflüchtete, als sei es unverletzt und nur durch den vermeintlichen Fehlschuss erschrocken. Ich untersuchte noch genau den Ort und die Fluchtstrecke, konnte aber keine Blutspuren oder sonstige Zeichen eines Treffers finden. »Bei nächster Gelegenheit werde ich das Gewehr überprüfen und einen Probeschuss machen«, dachte ich also und ging nach Hause. Niemand erzählt gerne von einem Fehlschuss, auch ich als junger Förster damals nicht. Zwei Tage später klingelte mein Telefon im Forsthaus, und mein Nachbar Helmut erklärte mir, dass es in der Gegend einen Wilderer gebe, weil ein mit gutem Blattschuss erlegtes Tier hinter der Grenze zu meinem Revier gefunden worden war. Erschrocken beichtete ich mein Missgeschick. »Jagd ohne Hund ist Schund!«, erklärte mir mein 20 Jahre älterer Kollege. »Wenn du einen ausgebildeten Schweißhund bei dir gehabt hättest, wäre das nie passiert. Jetzt ist das Tier verludert und das Wildbret muss weggeworfen werden. Auch mit einem guten Treffer kann es manchmal passieren, dass ein getroffenes Tier noch ein Stück weit wegflüchtet. Das findet man als Mensch dann nur mehr mit viel Glück.« Die Geschichte war mir unendlich peinlich und ich wusste, dass mir der Helmut mit einer Meldung bei den Vorgesetzten einige Schwierigkeiten machen könnte. Daran hatte er aber nie gedacht. Stattdessen half er mir, einen guten Hundewelpen zu finden, und unter seiner Anleitung bildete ich den Hund aus. Helmut war immerhin ein international anerkannter Richter und Prüfer im Schweißhundeverband, also ein ausgewiesener Fachmann auf diesem Gebiet. Unsere Freundschaft hatte begonnen. Da wusste ich aber noch nicht, wie gut ich ihm meine Dankbarkeit noch zeigen können würde.

Ungefähr 20 Jahre später kamen auf meinen Freund Helmut schwere Tage zu. Kurz vor seiner Pensionierung hatte er sich von seiner Frau getrennt und ihr das gemeinsame Haus überlassen. Bei einem gemeinsamen Gang durch ein Waldgebiet erlitt er neben mir einen Gehirnschlag. Wir waren allein mit unseren beiden Hunden, damals noch ohne Mobiltelefon. Er lehnte an einem Baumstamm und stammelte undeutliche Wörter. Bis er im Krankenhaus war, verging viel kostbare Zeit. Trotzdem überstand er den Schlaganfall praktisch ohne direkte, bleibende Schäden; aber durch die starken Medikamente gaben die Nieren ihre Funktion auf, und er war nun ein schwerer Dialysepatient, der wöchentlich zur Behandlung ins Krankenhaus musste. Helmut war verzweifelt und sagte zu mir: »Jetzt weiß ich nicht mehr, wie ich das schaffen soll. Mein Haus ist weg, meine Gesundheit kaputt!« Ich antwortete: »Helmut, es gibt nur einen einzigen Ort, an dem du noch gesund werden kannst. Das ist der Wald. Dort bist du dein Leben lang gewesen, und nur dort fühlst du dich wohl.« Ich hatte damals eine Hütte gepachtet, in die ich mich zurückziehen konnte. Diese Waldbleibe in der Einsamkeit bot ich ihm an, und er nahm mein Angebot an. In der Zeit besuchte ich ihn regelmäßig.

Nach einiger Zeit übergab er mir feierlich seine Jagdgewehre. Ich wusste, dass diese Werkzeuge seiner Försterarbeit für ihn sehr wichtig waren. Aber er bestand darauf, dass ich das Geschenk annahm, weil er, wie er sich ausdrückte, in dem Zustand ohnehin nie mehr auf die Jagd gehen werde. Was ich nicht wusste, war, dass er gleichzeitig einen anderen Förster gebeten hatte, für seinen Hund zu sorgen, falls er sterben sollte. Nach diesen Vorbereitungen fuhr er ins Krankenhaus zur wöchentlichen Dialyse. Als er fertig war, erklärte er der Schwester, dass er nicht mehr wiederkomme und sich herzlich bedanke. Sie erkundigte sich, wohin er denn übersiedeln wolle. »Nirgendwohin«, war seine Antwort. »Ich habe beschlossen, dass ich dieses Leben so nicht mehr leben werde. Ich gehe heim!« Die Schwester holte den Oberarzt, der bot psychologische Hilfe an, allein, der Helmut blieb bei seinem Entschluss. Er ging zurück in meine Waldhütte, um dort zu sterben. Ohne Dialyse ist das so – ohne Nieren kann man nicht leben. »Wenn das Leben aus ist, dann nehme ich das an« – so hat er gedacht. Doch es sollte anders kommen.

Nach einigen Tagen konnte er kaum mehr eine Treppe hochsteigen. Er wurde immer schwächer und sein Gesicht immer gelber. Der zufällig vorbeikommende Förster der Gegend, der Helmut öfters besuchte, wollte Notarzt und Rettung holen. Doch der Helmut hinderte ihn daran. Und dann geschah das Wunder: Nach ungefähr zehn Tagen begann sich sein Zustand zu bessern. Anstatt zu sterben, kehrte der Helmut wieder ins Leben zurück. Die Nieren begannen plötzlich wieder ihre Arbeit aufzunehmen. Die gesunde Gesichtsfarbe kehrte zurück. Ich selbst hörte erst danach von der Geschichte. »Ja«, sagte der Helmut zu mir, »vor dem Sterben habe ich mich nicht gefürchtet. Aber es ist ja anders gekommen.« Helmut lebte noch mehrere Jahre ohne Dialyse und begann sogar wieder, Arbeiten zu erledigen, die ihm als Pensionist Freude machten.

Als Autor weiß ich, dass ich an dieser Stelle darauf hinweisen muss, keinesfalls solche Experimente zu wagen. Wohl die meisten Patienten, die auf eigene Faust gegen den ärztlichen Rat eine Dialysebehandlung einfach ablehnen, bezahlen das mit dem Leben. Diese Geschichte schildert lediglich das von mir Erlebte und darf keinesfalls als Anleitung zur Nachahmung verstanden werden. Ich erzähle sie aus einem anderen Grund. Denn als Freund von Helmut weiß ich, dass es für ihn keine Suizidentscheidung aus dem Affekt war. Niemals hatte ich Depressionen oder irgendwelche Anzeichen von Schwermut an ihm beobachten können. Aber der Tod war für ihn nicht schrecklich. Er wollte einfach den Weg gehen, wenn jener offensichtlich an seine Tür klopfte. Aber seinen Worten zufolge ist es ja anders gekommen. Als medizinischer Laie und Beobachter vermute ich, dass das plötzliche Wiedererwachen der Nierenfunktion in dieser Extremsituation wohl tatsächlich an ein kleines medizinisches Wunder grenzt. Nachdem wir Menschen aber viel mehr sind als die Körperhülle, in der wir wohnen, bin ich überzeugt davon, dass Helmuts Furchtlosigkeit vor dem Tod und sein Loslassen, dass er sich mit dem Abschied vom irdischen Leben versöhnen konnte, auch zu seinem Überleben beigetragen hat. Lähmende Ängste, die den Lebensfluss verengen und Energie festhalten, die hatte der Helmut nicht. Das war eine einfache, aber wirkungsvolle Hilfe in der schlimmen Lage.

Die innigste Begegnung mit dem ankommenden Tod erlebte ich aber am Sterbebett meiner Mutter. Der 91. Geburtstag lag hinter ihr und es war klar geworden, dass sie den 92. nicht mehr erleben würde. Die letzten Wochen verbrachte sie wegen der nötigen Schmerzbehandlung im Krankenhaus. Ihr Geist ist aber bis zu den allerletzten Stunden glasklar und wach geblieben. Ihre Haltung und ihr Mut gegenüber dem Tod und dem Sterben waren für mich ein so großes Geschenk, dass ich diesen Teil unserer täglichen Gespräche am Krankenbett mit allen interessierten Menschen teilen möchte. Aus Respekt erwähne ich nur die Inhalte, von denen ich sicher bin, dass ich ihre Erlaubnis zur Veröffentlichung jederzeit bekommen hätte.

In den letzten Wochen ihres Lebens versuchte ich, täglich bei ihr zu sein. Das ist mir weitgehend gelungen. Oft führten wir einfache Gespräche, oft war es ein schweigendes Händehalten, und manchmal konnten wir Themen an- und aussprechen, die so zwischen uns noch nie ausgetauscht worden waren. Als mein Vater viel zu früh gestorben war, war sie alleine mit vier Schulbuben dagestanden. Der fünfte ihrer Söhne war vorher verunglückt. Ihre Buben blieben auch ihr Lebensinhalt. So verfolgte die Mama immer, was mit uns geschah. Ein Leben lang interessierte sie sich für alle großen und kleinen Dinge, ganz besonders für das Heranwachsen ihrer Enkelkinder, aber auch ein neugeborenes Lamm im Stall oder ein geglückter Bau in meiner Firma wurden von ihr aufmerksam miterlebt. Als sie ins Krankenhaus kam, habe ich bei meinen anfänglichen Besuchen in dieser Gewohnheit versucht, aus unserem Alltag zu erzählen. Damit wollte ich ihr einfach, so wie immer, eine Freude bereiten und sie vor allem von Schmerz und Krankheit ablenken. Es dauerte aber nicht lange, da verlor sie plötzlich jedes Interesse an den Begebenheiten, die sie ihr Lebtag lang so aufmerksam verfolgt hatte. Plötzlich interessierte sie sich nur mehr für alle Beziehungen, die sie gelebt hatte. Sie begann, mir ihr Leben ganz genau und von Anfang an zu erzählen. Aber immer nur aus der Sicht der Beziehungsebene. Alles wollte sie noch einmal prüfen. Und wenn sie nicht sicher war, dann machte sie einige Male Bemerkungen wie: »Ich weiß schon, dass das heute nicht gut aussieht. Aber was hätte ich damals tun sollen?«

Kurzum, was sie jetzt, so kurz vor ihrem Tod, noch einmal betrachten und innerlich ordnen wollte, das waren alle gelebten Beziehungen. Alles Äußerliche, Ansehen, Geld und materielles Geschick oder Misslingen, das war vollkommen unwichtig und nebensächlich geworden. Geglückte Beziehungen waren der einzige Schatz, der ihr am Totenbett noch etwas bedeutete. Und die Versöhnung mit Beziehungen, die irgendwie nicht geklappt hatten, das war das Einzige, das sie jetzt noch mit großer Willenskraft suchte. Trotzdem blieb sie immer noch humorvoll und bewahrte sich einen erstaunlich klaren Blick auf das eigene dahinschmelzende Leben.

Einige Gespräche sind mir in besonderer Erinnerung geblieben. Zum Schmerz sagte sie einmal: »Ich habe so schreckliche Schmerzen. Die ganze Nacht konnte ich kaum schlafen!« –

»Aber Mama, warum sagst du den Schwestern nicht Bescheid? Die müssen deine Medikamente einstellen. Du sollst nicht so leiden.« – »Mitten in der Nacht will ich die armen Leute doch nicht mit meinem Schmerz belasten. Aber jetzt bei der Visite wurde der Tropf nachgestellt und es lässt etwas nach!« Ihr abgemagertes Gesicht war wirklich vom Schmerz gezeichnet. Dann stellte sie mir eine Frage: »Warum muss ein Mensch so leiden, welchen Sinn hat das? Kann ein Herrgott so etwas wollen?« Ich schwieg, wusste keine Antwort und hielt ihre Hand in der meinen. Nach einer Weile konnte ich, unsicher und leise, eine Antwort versuchen: »Mama, glaubst du, dass du gehen könntest, wenn du nicht vorher das Leiden erlebt hast? Obwohl ich in deinem Gesicht sehe, wie weh es tut, vielleicht hilft es dir auch.« Sie lächelte und drückte ein wenig meine Hand.

Ein anderes Mal erzählte ich ihr, dass ich eine Einladung bekommen hatte, die mich sehr freute, aber ich hatte natürlich abgesagt. Da empörte sie sich: »Du fährst dorthin. Ich weiß, wie dich das freut. So ein Blödsinn, wenn du das wegen mir absagen willst.« – »Niemals fahre ich weg Mama. Ich bleibe jetzt bei dir – alles andere ist unwichtig!« »Pass auf«, entgegnete sie, »wir treffen jetzt eine Vereinbarung. Du fährst die paar Tage weg und ich verspreche, dass ich in dieser Zeit nicht sterbe!« Verschmitzt lächelte sie. Da musste ich mit ihr lachen. Sie hatte mir eine geschickte Falle gestellt. Denn sie wusste ganz genau, dass ich nicht sagen konnte: »Mama du stirbst vielleicht doch.« Wenn sie mir schon versprach, nicht zu sterben, dann musste ich dieses sonderbare Versprechen auch annehmen. Ich bin also gefahren und nach einigen Tagen wieder im Krankenhaus an ihrem Bett erschienen. »Siehst du, ich bin noch da«, empfing sie mich wieder lachend. Sie war voller Freude, dass es ihr gelungen war, mir selbst in diesem hilflosen Zustand noch eine Freude zu machen.

Einmal war sie sehr still. Irgendwann stellte ich in diese Stille hinein meine Frage: »Mama, hast du Angst vor dem Sterben?« Ihre Antwort ließ nur einen Atemzug auf sich warten: »Was heißt Angst? Natürlich würde auch ich noch gerne länger leben. 10 Jahre, 20 Jahre – genug wäre es nie. Aber was soll das? Wo kämen wir denn hin, wenn hier niemand stirbt!« Wieder hielt ich ihre Hand. Voll Bewunderung für diesen Mut. *Wo kämen wir denn hin, wenn hier niemand stirbt!* Einige Tage vor dem eigenen letzten Atemzug drückte sie mir gegenüber so einfach ihre Überzeugung von der Notwendigkeit des Todes aus.

Eines Nachmittags erklärte sie mir: »Ob du 60, 80 oder 100 Jahre alt wirst, was macht das schon für einen Unterschied? Es ist vollkommen egal. Das Einzige, was nicht egal ist, das ist, wenn du am Abend ins Bett gehst und nicht dankbar sein kannst für den Tag.« Dann fasste sie meine Hände. »Weint nicht um mich. Wir haben richtig gut gemeinsam gelebt. Wir haben so schöne und gute Tage gehabt. Ich bin so dankbar!« Bis zum Schluss hat sie sich mit ihren Lieben verbunden gefühlt. Angstfreiheit war für sie kein heroischer Akt. Vielmehr konnte sie nicht verstehen, wieso sie Angst haben sollte, nach einem Leben, auf das sie so dankbar zurückschauen konnte.

Wenige Tage nach diesen Gesprächen waren ihre Kinder und Enkelkinder um ihr Bett versammelt. Sie verabschiedete sich von uns und konnte einige Stunden danach friedlich einschlafen. Auch ich hatte bis zu diesen letzten Wochen mit meiner Mutter manchmal den Satz nachgeplappert, dass es vielleicht gut wäre, beim Sterben einfach umzufallen und nichts mitzubekommen. Heute weiß ich, dass es noch viel besser ist, wenn man die Möglichkeit geschenkt bekommt, seine Beziehungswelten zu versöhnen, in Dankbarkeit noch einmal bewusst auf das Leben und die Lieben zu schauen und dann, wenn der Augenblick gekommen ist, den Weg durch den engen Kanal anzutreten. Dahinter liegt das neue, unbekannte und geheimnisvolle Licht. Wo kämen wir denn hin, wenn hier niemand stirbt?

Wir Menschen wissen nicht, wohin wir gelangen, wenn wir unsere körperliche Wohnung verlassen. Aber wir wissen ganz genau, wohin wir kommen, wenn die Menschheit endlich die vollkommen unbegründete Angst vor dem Tod verlieren würde. Das ist der Schlüssel zur Lösung der alten Probleme. Es ist der Schlüssel zum neuen Leben.

Kapitel 5

DIE WÄHRUNG DES WALDES

Über die Bedeutung, die unsere Gesellschaft dem Geld zukommen lässt, muss nicht viel gesagt werden. Wir träumen davon, wir glauben ernsthaft, dass wir zumindest die meisten unserer Aufgaben und Probleme auf Erden lösen könnten, wenn wir nur unbegrenzt Zugriff auf Geld hätten. Ja, unsere Gesellschaft betet das Geld an.

Studenten der Wirtschaftswissenschaften lernen, dass das oberste Ziel aller ökonomischen Handlungen im maximalen Geldverdienen liegt. In den Bilanzen unserer Unternehmen zählt einzig und allein der erwirtschaftete Geldwert als Erfolg. Geld übt auf die meisten Menschen eine geradezu dämonische Faszination aus. In Geldwerten messen wir nicht nur den Reichtum einzelner Personen. Nein, was in Geldwert nicht messbar ist, das wird inzwischen oft gering geschätzt. Eine Gesellschaft, die ihren Gott und jede Spiritualität verloren hat, die hat sich das ursprüngliche Tauschmittel Geld zum neuen Götzen gemacht. Aber trotz alledem war und ist Geld immer noch nicht mehr als eine Illusion, die nur funktioniert, solange die Menschen daran glauben und darauf vertrauen. Ein Geldschein in der Hand oder eine Zahl am Kontoauszug ist für sich ja wertlos. Sie bekommen ihren Wert erst dadurch, dass jemand bereit ist, dafür Leistungen zu erbringen oder Waren einzutauschen. Trotzdem sind die Menschen von Grund auf fasziniert von der Vorstellung, mit beliebig vielen bedruckten Papierscheinen oder mit einer Zahl mit möglichst vielen Nullen am Konto konkrete Käufe zu tätigen, Handlungen zu bewirken und letztlich Macht auszuüben. Das Geld hat in unserer Zeit die Funktion eines Zauberstabes eingenommen. Unser Unterbewusstsein und unsere Lebensängste marschieren mit dieser Vorstellung in die Werkstatt der Fantasie, und schon entstehen die wildesten Ideen. »Wenn ich einmal reich wär«, heißt es in einem bekannten Musical. Der Traum von unermesslichem Reichtum löst alle möglichen Projektionen in uns aus.

Damit sind wir bereits beim Kern des Problems angelangt: Nicht das Geld macht unsere Gesellschaft kalt, egoistisch oder gnadenlos; es ist immer noch eine neutrale Angelegenheit, mit der genauso Gewaltverbrechen und Kriege finanziert werden können wie ein Waldkindergarten für die Kleinsten oder die Rettung von Menschenleben und Naturwelten. Es ist aber kein Wert an sich. Das Problem liegt in unseren Illusionen in Bezug auf Geld und seiner faszinierenden Macht. Wir selbst sind es, die dem Geld einen geradezu göttlichen Status geben, für den wir beinahe alles zu tun bereit sind. Weil wir verlernt haben, das Geld als das zu sehen, was es ist: ein Tauschmittel, das uns vom mühsamen, steinzeitlichen Handel Ware gegen Ware befreit. Nicht mehr und nicht weniger. Erst durch Geld kann der Schuster jeden Tag beim Bäcker Brot kaufen. Müsste der Schuster das Brot direkt mit von ihm angefertigten Schuhen bezahlen, dann würde er bald kein Brot mehr bekommen. Denn der Bäcker könnte so viele Schuhe gar nicht tragen, also würde er den Tauschhandel irgendwann einstellen. Warum sollte er dem Schuster weiterhin Brot geben, wenn er schon genug Schuhe für sein ganzes Leben hat? Erst durch die Möglichkeiten, die das Geld bietet, kann jeder bei jedem ein- und auch seine Leistungen und Waren überall verkaufen. In seiner ursprünglichen Form ist Geld also ein Werkzeug – und nicht mehr. Es sind unsere menschlichen Projektionen, die es mit Allmachtsfantasien beladen. Wie kann es also gelingen, das Geld wieder vom entfesselten Giermittel zum nützlichen Tauschmittel zu machen?

Nun, Geld gibt es ja nicht nur bei uns Menschen. Auch in der Natur, in unseren Wäldern wird reger Handel betrieben. Waren und Arbeitsleistungen werden dort Tag für Tag in unglaublich großen Mengen ausgetauscht, angeboten, eingekauft und bezahlt. Aber interessanterweise gibt es dennoch keine perversen Anhäufungen der Währung. Es gibt auch niemanden, der ernsthaft glaubt, sein Leben allein durch das Anhäufen einer möglichst großen Summe gut meistern zu können. Manipulation der Währung zum Schaden aller ist dort genauso unbekannt wie das Streben nach Macht durch großen Geldbesitz. Blicken wir also in die Welt des wohl spannendsten Gegenmodells zur Geldwirtschaft in unserem aktuellen, neoliberalen Kapitalismus. Blicken wir in die Wälder der Erde, die Jahr für Jahr nicht weniger Material bewegen als alle Menschen auf dem Planeten. Milliarden Kubikmeter an Holz und Humus werden dort jährlich gebildet, verwandelt und im ewigen Kreislauf transportiert und transformiert. Ohne ein geldähnliches Tauschmittel wäre diese beachtliche Wirtschafts- und Produktionsleistung nicht möglich.

Die Entstehung von Holz ist nicht nur aus chemischer Sicht ein bemerkenswerter Prozess.

Die Bäume und ihr Holz sind wahre Märchenwesen. Sie entstehen nicht – wie man glauben könnte – aus harter Materie, aus dem Humus und Erdboden. Nein, Biochemiker zeigen uns, dass Bäume zu mehr als 99 Prozent aus Luft und Wasser ent- und bestehen.

Jeder, der einmal beim Fällen eines großen Baums dabei war, weiß, welche unglaubliche Masse, Wucht und Energie spürbar wird, wenn sich so ein kirchturmhohes Gewächs langsam zu neigen beginnt, die Krone sich immer schneller nach unten bewegt, die Zweige rauschen und schließlich der ganze Koloss am Erdboden einschlägt. Wie klein und verletzbar ist dagegen der Mensch mit seiner Säge am verbliebenen Wurzelstock. Und all die Masse, all die Kraft, die der fallende Baum ausübt, soll nichts anderes als Luft sein? Luft und Wasser, die zur schweren Materie werden?

Ja, das Wachsen eines Baums offenbart uns ein Stück vom Entstehungsgeheimnis allen Lebens. Das Samenkorn, das auf die Erde fällt, ruht zunächst still und wartet den Augenblick im Frühling ab, an dem endlich genug Wärme und ausreichend Feuchtigkeit im Boden vorhanden sind. Sobald dieses Startsignal gegeben ist, treibt der Samen ganz zart und verletzlich aus. Dieses allererste kleine Keimblatt oder das erste grüne Nädelchen nährt sich vorerst aus den Ölen und Vorräten, die der alte

Mutterbaum in seine Samen gelegt hat. Aber die Zeit drängt. Rasch ist das mütterliche Esspaket verzehrt und verbraucht. Die erste lebenswichtige Aufgabe des kleinen Keimlings ist es daher, sich selbst ernähren zu können. Er braucht eine verlässliche Quelle dauerhafter Versorgung. Aus diesem Grund stattet der kleine Keimling bereits sein allererstes Blatt mit Organen zur Nahrungsaufnahme aus. Später werden noch Millionen gleich ausgerüsteter Blätter folgen. Die Organe zur Nahrungsaufnahme sind unserem Menschenmund, mit dem wir essen, sogar ähnlich. An der Blattunterseite sind sie zu finden: Tausende mikroskopisch kleine Spaltöffnungen, deren lippenähnliche Wülste mehr oder weniger geöffnet oder geschlossen werden können. Einatmen, tief Luft holen ist dann auch das Erste, was unser Keimling nach dem Austreiben aus dem Humus macht. Die Luft bleibt ein Leben lang seine wichtigste Nahrungsquelle. Mit den Spaltöffnungen dosiert das Blatt den Zustrom der Luft. Damit kann es auch die Geschwindigkeit seines Wachstums und der inneren chemischen Prozesse lenken. Gewissermaßen sind die regulierbaren Spaltöffnungen das Gaspedal des Baums.

Das für Menschen unsichtbare Gas CO_2 ist seine Nahrung. Bei der Verbrennung aller fossilen Stoffe wie Kohle, Erdöl oder Erdgas, aber auch von allen organischen Materialien, verbindet sich Kohlenstoff mit Sauerstoff in der Luft und entweicht als für uns geruchloses und unsichtbares Gas CO_2 in die Atmosphäre. Das in Zusammenhang mit dem Klimawandel oft erwähnte CO_2 beinhaltet genau den Kohlenstoff, aus dem die Bäume ihre mächtige Gestalt formen können. Tierisch formuliert, weiden die Bäume also mit ihren Nadeln und Blättern in der Luft und fressen sich am CO_2 satt.

Tatsächlich erscheint es mystisch, wie die Natur aus gestaltloser, nicht greifbarer Luft vor unseren Augen Bäume in all ihren Formen, in all ihrer Anmut, Wildheit, Schönheit und unendlicher Vielfalt entstehen lässt. Rein chemisch ist das Rätsel gelöst. Bäume verfügen über das Zaubermolekül Chlorophyll, das umgangssprachlich auch als Blattgrün bezeichnet wird. Nur dieses Molekül ist in der Lage, das Lichtspektrum des auftreffenden Sonnenlichts so zu spalten, dass dabei im Inneren des Blattes oder der Nadel das eingeatmete CO_2 in festen Kohlenstoff und Sauerstoff aufgetrennt wird. Dasselbe macht der Baum mit aufgesaugtem Wasser. Er spaltet das Wassermolekül H_2O in Wasserstoff (H) und Sauerstoff (O) auf. So liefert ihm seine grüne Chlorophyll-Photovoltaikanlage die drei wichtigsten Baustoffe zum größten Materialproduktionswerk auf unserem Planeten: Kohlenstoff, Wasserstoff und Sauerstoff. Die Wälder weltweit erzeugen jährlich Milliarden Kubikmeter Holzmasse. Damit sind sie die wichtigste CO_2-Pumpe, die dieses Gas, von dem wir Menschen durch die Verbrennung fossiler Stoffe viel zu viel ausstoßen, wieder zurücknehmen können. Deshalb ist es so wichtig, Wälder nachhaltig zu bewirtschaften und das nachwachsende Holz möglichst langfristig zu verbauen. Denn nur dadurch bleibt das von den Bäumen abgesaugte CO_2 gebunden und kommt nicht in die Atmosphäre zurück. Ein unbewirtschafteter Wald hingegen speichert kein zusätzliches CO_2 mehr. In solchen Naturparks oder Urwäldern bleiben umgefallene Bäume im Wald liegen, zersetzen sich zu Humus und geben dabei das zuvor eingelagerte CO_2 wieder an die Atmosphäre ab. Eine zusätzliche CO_2-Absaugung aus der Atmosphäre können Wälder, in denen kein Holz geerntet wird, nicht leisten. Das soll aber nicht heißen, dass wir jetzt die letzten Urwälder umschneiden sollten. Vielmehr ist beides nötig: Die heute noch vorhandenen Urwälder müssen geschützt bleiben, um die dortige Artenvielfalt und auch genetischen Reserven zu schützen. Wirtschaftswälder hingegen sollen unbedingt weiter bewirtschaftet werden, damit die Bau-, Möbel- und sonstige Wirtschaft nicht auf Beton, Kunststoff und andere den Menschen und die Umwelt extrem belastende Stoffe ausweichen muss. Wie immer im Leben müssen wir Menschen auch bei der Waldbewirtschaftung lernen, dass es auf ein gutes Maß ankommt. Extreme auf beiden Seiten sind schlecht. Wälder im Raubbau abzuholzen, ist genauso wenig enkeltauglich, wie das Verzichten auf eine verantwortungsvolle und nachhaltige Bewirtschaftung der vorhandenen Wirtschaftswälder. Das oft debattierte Nicht-mehr-Nutzen und -Ernten in Wirtschaftswäldern ist vielleicht gut gemeint. Am Ende würde diese Maßnahme aber genau das Gegenteil erreichen und die Zukunft unserer Enkel belasten.

Doch damit zurück zum Baumwachstum. Auch wenn Bäume zu mehr als 99 Prozent aus Luft und Wasser bestehen, genügen diese beiden Quellen alleine nicht, auch wenn sie im Überfluss vorhanden sind. Die Form des Baums, seine ganze breite Palette an Zusatzstoffen, die er zum Leben, zur Wundversorgung, zur Ausstattung der Samen und für jegliche Vielfalt des Wachstums benötigt, die werden erst dann möglich, wenn er fein abgestimmt und in kleinen und kleinsten Mengen die Spurenelemente des Bodens dazumixen kann. Magnesium, Kalzium, Kalium, Eisen und viele mehr müssen zum richtigen Zeitpunkt der Zellbildung in richtiger Menge bereitgestellt werden, damit das Werk gelingt. Im Frühling etwa benötigt jeder Baum eine Menge Magnesium und Stickstoff. In jedem Chlorophyllmolekül braucht es neben der kunstvoll gebauten sternförmigen Kohlenstoff- und Wasserstoffformation einen winzigen inneren Stickstoffring und einen Mittelpunkt mit einem Magnesiumatom. Nur wenn das genau eingehalten ist, kann das neu gebaute Chlorophyllmolekül Photosynthese betreiben, also CO_2 und Wasser aufspalten und sozusagen gemeinsam mit Sonnenenergie in den Stamm einlagern. Wenn der Baum eine Verletzung erleidet, dann benötigt er ganz rasch einen Wundverband, der ihn gegen Pilzsporen und Fäulnisbakterien schützt. Ein den Berghang hinabstürzender Stein kann klaffende Löcher in den Stamm schlagen; ein Hirsch kann hungernd die schützende Rinde anknabbern; ein fallender Nachbarbaum kann sie aufreißen. Verletzungsgründe gibt es viele, und Bäume haben im Laufe von Hunderten Millionen Jahren gelernt, die wirkungsvollste Wundmedizin selbst herzustellen: Unmittelbar nach einer Verletzung stellen Bäume ihre innere chemische Produktion um und beginnen Harze, Säuren und Bakterien, viren- und pilzabwehrende Stoffe zu produzieren. Diese Umstellung ist eine biochemische Meisterleistung, die es verdient, sie genauer zu betrachten. Nehmen wir an, der Baum erleidet seine Verletzung im Juni im vollen Wachstum. Zu dieser Zeit benötigt und bezieht er aus dem Boden alle Spurenelemente zur Bildung des Jahresringes im Stamm, also zur Bildung der Holzstoffe Lignin, Zellulose und Hemizellulose. Wie schafft er es, binnen kürzester Zeit ganz andere Substanzen aus dem Humus herauszubekommen?

Zunächst muss man wissen, dass ein Baum selbstständig überhaupt nichts aus dem Boden und dem Humus ziehen kann. Er benötigt eine ganze Armee von »Fachkräften«, die in der Lage sind, aus der Erde das jeweils benötigte Element herauszulösen und zur Wurzelspitze zu bringen. Diese Facharbeiter sind die sogenannten Mikroorganismen, winzigste Lebewesen, die in aller Regel ihre ganze Lebenszeit unterirdisch verbringen. Sie alleine können das jeweils Benötigte im unterirdischen Bergwerk abbauen. Meistens übernehmen dann Pilzfäden den Transport zur nächsten Haarwurzelspitze des Baums. Und wieder erscheint vor uns ein märchenhafter Vorgang. Die Zahl der Mikroorganismen, die für einen einzigen Baum arbeiten, ist unüberschaubar groß. Man schätzt, dass sich in einem Teelöffel voll gesunder Walderde circa 11 Millionen solcher Kleinstlebewesen befinden. Sie alle wissen immer darüber Bescheid, was ihr Freund, der Baum, über ihnen gerade so treibt und vor allem, was er aktuell aus dem Humus benötigt. Sie verändern tatsächlich ihr Arbeitsprogramm, wenn der Baum, für den sie gerade buddeln, verletzt wird. Innerhalb von wenigen Stunden bauen sie dann nur mehr die Elemente zur Wundheilungsversorgung ab. Die unzählbaren Helfer dort unten im finsteren Boden schaffen es tatsächlich, den Baum *just in time* mit den jeweils benötigten Spurenelementen zu beliefern. Woher wissen sie, was gerade oben vom Baum gewünscht ist? Wieso können die Kleinstlebewesen innerhalb kurzer Zeit ganz andere Mineralstoffe aus dem Humus abbauen und liefern?

Das ist eine Koordination, die uns Menschen nur in Staunen versetzen kann. Der Baum ist in der Lage, Milliarden von unterirdischen Freunden mitzuteilen, dass er wegen einer Verletzung plötzlich andere Stoffe benötigt. Seine Botschaft kommt wirklich an, und alle in der Erde versorgen ihn daraufhin mit dem Nötigen. Es ist eine einzigartige Beziehungswelt zwischen dem oberirdischen Verbraucher der irdischen Elemente, dem Baum, und dem dunklen Erdreich, in dem Bakterien, Viren, Einzeller, Pilze und Kleinlebewesen mit allem kooperieren, was über ihnen wächst und gedeiht.

Das Gelingen der uralten Beziehung baut vor allem auf zwei Säulen auf. Die erste Säule ist die Kommunikation. Bäume sind in der Lage, allen Nachbarn, Freunden und Mitbewohnern ihre Befindlichkeiten und Bedürfnisse mitzuteilen. Sie können und tun das überraschend präzise und stetig. Zu diesem Thema habe ich bereits ein Buch geschrieben, auf das an dieser Stelle verwiesen werden darf.* Uns Menschen erscheinen die Bäume nur deshalb stumm, weil wir ihren Sprachcode nicht entschlüsseln und die Sprache nicht hören können. Dabei ist der Informationsaustausch der hölzernen Riesen nicht nur untereinander rege. Sie kommunizieren auch über alle wichtigen Themen mit sämtlichen Mitbewohnern und Wesen ihres Lebensraumes. Die Botschaften etwa über Wasserknappheit in einer Trockenperiode und gemeinsame Sparpläne oder heranrückende Gefahren wie zum Beispiel eine Borkenkäfervermehrung werden über ganze Wolken von speziellen Duftmolekülen in die Waldgesellschaft hinausgetragen. Neben diesem »Flaschenpostsystem« der schwebenden Düfte benutzen Bäume auch noch das »Internet des Waldes«: Zwischen allen Baumwurzeln spinnt sich ein unübersehbares Netz von Pilzmyzelfäden. Durch Absonderungen von besonderen chemischen Verbindungen kann jeder Baum mittels biochemischen Impulsen Botschaften entlang dieser Pilzfäden senden. Empfänger

---

* Erwin Thoma: *Die geheime Sprache der Bäume. Die Wunder des Waldes für uns entschlüsselt.* Servus Verlag, Salzburg 2019.

sind unter anderem all seine Baumnachbarn, die ebenfalls am Netz der Pilze hängen.

Das sind nur zwei Beispiele von Kommunikationsmöglichkeiten in der Waldfamilie, die heute wissenschaftlich bekannt und erforscht sind. Ganz sicher gibt es noch weitere Übermittlungsmöglichkeiten, die wir noch gar nicht kennen. Fest steht jedenfalls: Die Verbundenheit der Waldpflanzen miteinander und auch mit ihrer tierischen Nachbarschaft durch die Pilze ist eine gelebte Erfolgsgeschichte seit rund 500 Millionen Jahren. Hätten die Bäume zu Beginn ihres Daseins auf isoliertes Einzelkämpfertum gesetzt, wären sie wohl nicht oder viel schlechter durch die großen Herausforderungen der Erdgeschichte gekommen.

Neben dem offenen und kooperativen Austausch aller wichtigen Informationen ist der faire Ausgleich aller Leistungen die zweite Säule im ältesten und erfolgreichsten Wirtschaftssystem Wald. Damit kommen wir zur Währung des Waldes. Die Bäume müssen dasselbe Grundproblem lösen, wie unsere vorher erwähnten Bäcker und Schuster – sie benötigen ein Tauschmittel. Ware gegen Ware wäre zu umständlich, wenn Bäume beispielsweise bei Mikroorganismen im Boden stündliche »On-demand-Aufträge« für die Lieferung von Spurenelementen geben. Es könnte niemals zum weltweiten Holzwachstumsmodell in Milliarden-

Tonnen-Umfang werden, wenn jeder Baum bei jeder Lieferung neu den Preis und die Gegenlieferung verhandeln müsste. So wurde auch im Wald das Geld erfunden, eine Währung, mit der die Bäume alles kaufen können, was sie benötigen. Das war lange, bevor die Menschen auf diese Idee gekommen sind. Mit dem Geld des Waldes ist den Bäumen etwas gelungen, von dem wir nur träumen können: Es ist weltweit gültig, unterliegt keinen Wechselkursproblemen; Manipulation oder Einflussnahme von großen Interessensgruppen gibt es nicht.

Das Geld des Waldes ist eine chemische Substanz mit der Grundformel $C_6H_{12}O_6$ – Zucker. Er besteht in seiner Grundstruktur aus 6 Kohlenstoff-, 12 Wasserstoff- und 6 Sauerstoffatomen. Nun haben wir schon gehört, dass der Baum genau diese Stoffe bei der Photosynthese in seinen Blättern oder Nadeln aus Luft und Wasser herstellt. Und so kann jeder für sich selbst einen Teil der gewonnenen Rohstoffe zur Seite legen und daraus keine Holzzellen bilden, sondern in der Formel für Zucker zum universellen Zahlungsmittel machen. Der Herstellungsprozess, die Photosynthese, steht und fällt mit dem grünen Chlorophyll als Filter und dem auftreffenden Sonnenlicht. Niemals kann daher ein Baum an die zehnfache, hundertfache oder gar tausendfache Geldmenge eines anderen Baums gelangen. Er kann sich zwar durch besonderes Geschick beim Ausbreiten der Äste oder durch besonderen Fleiß bei der Arbeit einen kleinen Vorsprung erwirtschaften. Aber die Geldschöpfung im Wald ist niemals das Monopol einer Nationalbank oder einer ganz kleinen Gruppe sehr privilegierter Personen, wie es bei uns Menschen der Fall ist. Nein, die Gerechtigkeit des Waldes sagt, dass die Sonne für alle und jeden scheint, der mit den Mikroorganismen des Bodens gut umgeht und so Magnesium und Stickstoff bekommen und sich damit Chlorophyllmoleküle zum »Selber-Gelddrucken« machen kann. Der Zustand, den wir heute in unserer Wirtschaft sehen, dass einige wenige Personen mehr besitzen als die ärmere Hälfte der Menschheit, ist so im Wald auf geniale Weise ausgeschlossen und nicht möglich. Hier wird jedem die gleiche Chance gegeben und jede zentrale Macht immer auf das absolut Nötige beschränkt. Sogar oder vielleicht ganz besonders das Gelddrucken ist auf alle verteilt und damit sind Missbrauch und Fehlentwicklungen von vornherein ausgeschlossen. Das Geld des Waldes wird also dezentral und demokratisch von allen Beteiligten gemeinsam produziert. Und die Produktionsmenge ist immer durch die begrenzte Sonnenscheindauer limitiert. Damit ist diese Währung wesentlich besser vor Gier und kranken, asozialen Entwicklungen geschützt als unser menschliches Geld.

Wir wollen uns jetzt aber noch ansehen, wie der Zucker in den Bäumen wirkungsvoll als Tauschmittel verwendet wird und tatsächlich mit der Funktion unseres Geldes in der Wirtschaft verglichen werden kann. Erinnern wir uns noch einmal, was Bäume für ihr Leben und ihr Wachstum benötigen: Es sind dies Luft, Wasser und Spurenelemente aus dem Boden. Wasser und Luft sind auch für Bäume wie für uns Menschen zunächst kostenlose Allgemeingüter. Die können einfach gratis ein- und ausgeatmet oder vom Regen getrunken werden. Im Unterschied zu uns Menschen tun Bäume ein Leben lang alles, um Wasser und Luft rein und die Wasserkreisläufe intakt zu halten. Bei den Spurenelementen aus dem Boden ist die Angelegenheit nicht so einfach. Damit diese Lieferungen verschiedenster Elemente immer zur richtigen Zeit eintreffen, braucht es genau informierte Bergwerksarbeiter in Milliardenzahl. Zusätzlich sind der ausgeklügelte Transport und das Informationssystem der Pilzfädenstraßen nötig. Und sie alle wollen nicht nur arbeiten und dem Baum helfen. Sie wollen auch gut leben. Aber sie existieren im Dunkeln unter der Erde und können deshalb niemals Sonnenstrahlen einfangen und selbst Zucker produzieren. Doch sie kennen den süßen Geschmack der Zuckernahrung, und sie sind alle verrückt nach Zucker, in dem die Kraft der Sonnenstrahlen steckt. Pilze und Mikroorganismen sind wahre Zuckerjunkies.

Das ist das Geschäftsmodell: Der Baum kann in seiner Krone den Sehnsuchtsstoff aller Erdbewohner herstellen. Und die Erdbewohner sitzen im riesigen Gemischtwarenlager der Spurenelemente, die sie jederzeit aus dem Humus schürfen können. Also wird gleich unkompliziert geliefert und die Bezahlung genossen. Aber wie kommt das Geld, der Zucker, in den Boden? Jeder Baum verfügt nicht nur über einen aus dem Boden aufsteigenden Wasserstrom, mit dem die gesammelten Spurenelemente nach oben gespült werden. Nein, eine im Verhältnis dazu kleinere Menge an Wasser fließt immer gleichzeitig zurück und wird dann unterirdisch zwischen den Tausenden feinen Spitzen der Haarwürzelchen aufgeteilt. Das absteigende Wasser ist mit Zucker angereichert. Es ist sozusagen der Fluss der Lohnzahlung für alle fleißigen Arbeiter unter der Erde.

Damit ist jeder Baum wahrlich ein wunderschönes Symbol für den gesunden Fluss des Lebens. In seinem Stamm fließt der Saftstrom voller Spurenelemente, wir sagen Nährstoffe, aus dem Boden nach oben. Gleichzeitig strömt ein etwas kleinerer Wasserstrom zurück in das

Wurzelwerk. Diesem Teil des Wassers, das vorher noch nach oben geflossen ist, wurden seine Spurenelemente entnommen und dafür jede Menge Zucker aus der Baumkrone hinzugefügt. Man könnte sagen: Nährsubstanz fließt nach oben und Zuckerlimonade wieder zurück in den Boden. Dort an den Wurzelspitzen warten schon die von ihrer Arbeit hungrigen Helfer der Bäume. Mikroorganismen und Pilze werden in ihrer Schaffenskraft richtig angefeuert, wenn sie reichlich Zucker bekommen. Sie verhalten sich genau gleich wie das Pferd, das der Bauer vor seinen Pflug gespannt hat, als es noch keinen Traktor gab. Je mehr Hafer es zu fressen bekommen hat, desto besser konnte es arbeiten und pflügen. Mehr Zucker in den Boden zu schicken, bedeutet für den Baum mehr Nährstoffe zu bekommen. Mehr Nährstoffe aus dem Humus zu buddeln und die richtigen Stoffe zur richtigen Zeit an die Wurzelspitzen zu bringen, bedeutet für das Bodenleben, dafür zu sorgen, dass ihre Zuckerquelle, der Baum, gedeiht und verlässlich noch mehr Zucker nach unten schickt. In so einem System bleibt der Zucker ein Tauschmittel. Jeder hat Interesse daran, dass es fließt und keinesfalls irgendwo aufgestaut oder gebunkert wird.

Damit kommen wir zum nächsten interessanten Vergleich der beiden Geldsysteme im Wald und bei uns Menschen. Wie zuvor bereits ausgeführt, geraten wir Menschen immer wieder in die Falle von Angst und Gier. Unsere unbewussten Lebensängste treiben uns in den vermeintlichen Ausweg von möglichst großem Geldbesitz. Der ideale Lebenspartner, die perfekte Altersversorgung, Liebe, Anerkennung, selbst die gute Lebensplanung der Kinder soll mit viel Geld am Konto gekauft werden. So ist es kein Wunder, dass wir im regelrechten Wettlauf um das Geld durch unsere kostbare Lebenszeit hetzen. Die wirklich wichtigen Dinge, Zeit für die Liebsten, Zeit für unsere Bestimmung auf Erden und vieles mehr, das bleibt viel zu oft liegen. Wir opfern es am Altar des Geldes – oder genauer gesagt: für die Illusion, mit viel Geld das Leben endlich meistern zu können, indem wir möglichst viel davon in Sicherheit bringen. Das Ziel ist es, es exklusiv für uns selbst zu speichern. Dagobert Duck lässt grüßen.

Geradezu gegenteilig dazu stellt sich der Umgang der Bäume mit ihrem Geld dar. Für sie ist die Speicherung des Geldes nicht nur sinnlos. Eine Anhäufung von möglichst viel Zucker für spätere, schlechte Zeiten wäre regelrecht lebensvernichtend. Biologisch ist ganz klar, wer der gesündeste, widerstandsfähigste und in Hinblick auf sein Lebensziel der erfolgreichste Baum ist, nämlich derjenige, der es schafft, sein Geld so schnell wie möglich an seine helfenden Freunde zu verteilen. Nur dann, wenn der Zucker an allen Wurzelspitzen großzügig verteilt wird, wächst der Strom der Nährstoffe in die Krone hinauf unaufhaltsam an. Wohlgemerkt geht es bei den Bäumen nicht darum, das Geld als gut oder schlecht zu bewerten. Es geht auch nicht darum, es zu horten oder zu verprassen. Vielmehr erfüllt es genau dann seinen Sinn, wenn es für tragfähige, starke und gelungene Beziehungen des Lebens untereinander eingesetzt wird. Der Baum, dem es gelingt, jedes noch so kleine Lebewesen zu seinem Freund zu machen, der ist wahrlich gut dran. Gesundes Leben heißt immer fließen, geben und nehmen – und niemals erstarren und festhalten. Bäume sorgen vor, indem sie in Freundschaften investieren. Sie wissen, dass es im Ernstfall der ganz großen Herausforderung nur mehr hilft, wenn alle, die sich kennen und berühren, wirklich zusammenstehen. Wer im schweren Sturm, in der Trockenheit oder im Angriff der Käfer auf sich allein gestellt ist, der bricht, vertrocknet und geht zugrunde. Das wissen die Bäume sehr genau.

Ich kenne Menschen, die allen Ernstes glauben, sie wären im Alter oder im Falle einer Pflegebedürftigkeit gut abgesichert, wenn sie über eine Versicherungspolizze oder ein Bankkonto mit hohem Geldwert verfügen. Tatsächlich mag eine Versicherungspolizze im Fall der Fälle schön und gut sein. Aber wenn wir wirklich so weit sind, dann benötigen wir vor allem einen Menschen, der sich hingebungsvoll und aus ganzem Herzen um uns kümmert und sorgt. Ein Mensch, dem man wirklich vertrauen kann, kann durch kein Geldversprechen ersetzt werden. Denn Vertrauen kann man genauso wenig kaufen wie die Liebe. Das dürfen wir von den Bäumen lernen. Gelungene Beziehungen leben, das ist immer die beste Versicherung.

Den biblischen Satz »Schafft euch keine Schätze an, die Diebe stehlen und Motten fressen können« kennt offenbar auch unser Kirschbaum. Er baut sich keine inneren Lagerhallen, damit er Zucker in großen Mengen horten kann. Nein, solange es ihm gut geht, investiert er in echte Freundschaften. Die Welt, um die er sich am meisten kümmert, das ist die Welt der guten Beziehungen zu seinen Nachbarn und Freunden. Auf den ersten Blick mag das für uns Menschen wie ein Widerspruch und unrealistisch klingen. Sich um Beziehungswelten zu kümmern, ein Leben lang, da wird doch zwangsweise das materielle Einkommen und der eigene Wohlstand gefährdet? Beziehungswelten sind ja nicht greifbar, nicht bewertbar. Viele Menschen werden bei solchen Gedanken unsicher oder ängstlich.

Dabei zeigt uns der Kirschbaum den einzig verlässlichen Ausweg aus unserer Beziehungskrise zwischen den Menschen untereinander, mit der Natur und unserem Planeten. Wenn wir alles, was wir durcheinandergebracht haben, vom Klima der Erde über die Abfall- und Stoffkreisläufe bis zum sozialen Klima zwischen uns Menschen, wieder in Ordnung und in Frieden bringen möchten, dann müssen wir endlich wieder erkennen, wofür es sich lohnt, unser Leben einzusetzen. Ganz sicher lohnt es sich nicht, ein Leben lang für den Besitz von einem Werkzeug zu arbeiten und sich hinzugeben. Geld bleibt aber immer nur ein Werkzeug. Es dient als Schmiermittel, damit der Austausch aller Waren und Leistungen einfach und leicht möglich wird. Man kann damit in große Schätze investieren, wenn man rechtzeitig klug handelt, anstatt in Gier zu verfallen. Wer so lebt, dass er sich ganz sicher sein kann, eine Handvoll echter Freunde zu haben, der ist dem Kirschbaum schon recht nahegekommen. Wobei »echte Freunde« wortwörtlich gemeint ist. Ein *echter* Freund ist ein Mensch, dem man voll vertrauen kann, der auch in schlimmen Zeiten bereit ist, da zu sein. Haben Sie einen oder gar mehrere solcher Freunde? Oder wird es Zeit, von der Währung des Waldes zu lernen und für echte Freundschaften zu leben?

Die Transformation des Geldes vom Giermittel zurück zur guten Währung für gelungene Beziehungen ist jeden Tag möglich. Sie kann nur in jedem von uns ganz persönlich stattfinden. Der Kirschbaum ist dabei ein verlässlicher Wegweiser. Und erinnern wir uns: Nichts überzeugt andere Menschen mehr als das mit Freude und Erfüllung gelebte Beispiel von uns selbst. Eines ist ganz sicher: Wer von liebevollen Menschen umgeben ist und mit diesen intakte Beziehungen leben und fließen lassen kann, der blüht auf wie ein Kirschbaum im Wonnemonat Mai.

Kapitel 6

VOM WETTBEWERB ZUR QUELLE DES LEBENS

Es gibt eine Erzählung vom Wettbewerb, die sich gerade in unserer westlichen Wirtschaftswelt hartnäckig hält: Gnadenloser Wettkampf zwischen allen Lebewesen sei nötig, um das Leben voranzubringen – auch in der Natur gebe es ja das Fressen und Gefressenwerden. Immer und immer wieder ist zu hören, der Wettbewerb im Markt, in sozialen Gemeinschaften und beinahe überall sei die regulierende Kraft, die stets dafür sorge, dass die Besten, Stärksten, Klügsten und so weiter übrig bleiben. Wettbewerb solle daher weltweit und möglichst unbehindert vorangetrieben werden. Die Natur habe uns ja schließlich mit der Evolution vorgezeigt, dass alle Entwicklungen durch Selektion und Wettbewerb gelingen. So weit der Kern dieser Erzählung.

Der Glaube an einen niemals endenden Wettbewerb und Kampf zwischen allen in unserer Gesellschaft hat unsere ganze Wirtschaftswelt geprägt. Auch die Politik vieler Länder verfolgte und verfolgt zum Teil immer noch das Ziel, möglichst freie, unregulierte Märkte zu schaffen. Dies geschieht im Vertrauen auf einen Wettbewerb, der angeblich zum Ausgleich der Kräfte führt.

Mein eigenes Unternehmen habe ich gegründet, als ich 27 Jahre alt war. Damals hatte ich schon eine Karriere als Förster im österreichischen Staatswald geschafft. Nach gut fünf Jahren als Revierförster im Karwendelgebirge und einer kurzen Zeit im Holzhandel wollte ich vom Großvater lernen, wie man aus reinem Holz wirklich gesunde Häuser bauen kann. Es folgten wirtschaftlich schwierige, aber für mich sehr lehrreiche Jahre. Neben Opas Erfahrungen mit Mondholz*, für die der wissenschaftliche Nachweis Jahre später an der ETH Zürich erbracht wurde, waren es vor allem und immer mehr unsere technischen Entwicklungen, die das junge Unternehmen prägten und voranbrachten. Acht Jahre später gab es die ersten Patenterteilungen und mein Unternehmen etablierte sich immer mehr als Pionier des leimfreien Massivholzbaus. Würde ein Unternehmer in der Phase, in der ich damals

---

* Mehr zum Thema Mondholz: Erwin Thoma: *Holzwunder. Die Rückkehr der Bäume in unser Leben.* Servus Verlag, Salzburg 2020.

war, heute nach den Gesetzen unserer neoliberalen Wirtschaftswelt handeln, dann müsste er vor allem dafür sorgen, sein Wachstum so schnell wie möglich voranzutreiben. Wer einen patentierten technischen Vorsprung gegenüber seinen Mitbewerbern hat, muss danach trachten, diese Mitbewerber so schnell wie möglich zu übernehmen oder zu zerstören. Die Gesetze des gnadenlosen Wettbewerbs zwingen zu dieser Haltung. Wenn das gelingt und das Unternehmen in einer bestimmten Region zum unangefochtenen Marktführer geworden ist, dann geht die Reise weiter. Studenten an unseren Wirtschaftsunis lernen, dass dann die Zeit für internationale Expansion gekommen sei. Sie lernen viel über Finanzierungen solcher Vorhaben, wie man seine »Kriegskassen« füllt und Gegner austrickst. Sie lernen auch, dass die Entwicklung hin zum international tätigen Konzern immer mit relativ hohen Reibungsverlusten durch mehr Bürokratie, Kontrolle und Verwaltung verbunden ist. Eigentlich wäre das ein gesundes Regulativ dafür, dass die Bäume nicht in den sprichwörtlichen Himmel wachsen und wieder neuer Raum für eine bestimmte Vielfalt mehrerer kleiner Unternehmen und gesunder Konkurrenz entsteht. Aber genau das widerspricht dem Traum vom ewigen Wachstum. Also bringt man unseren Managern bei, dass sie im Konzern Schwerfälligkeit und innere Reibung durch politische Macht ausgleichen können. Ein Unternehmen, das eigentlich zu groß und zu schwerfällig für den Wettbewerb mit kleinen, flexiblen Mitbewerbern ist, müsse also danach trachten, so viel Macht zu bekommen, dass es selbst die Spielregeln festlegen kann. Diese heißen in der Wirtschaft Normen, Gesetze und Verordnungen. So können dann beispielsweise einflussreiche Politiker in gut bezahlten Aufsichtsratsposten großer Konzerne landen. Am Ende der Machtkonzentration stehen Monopolstrukturen und globale Konzerne. Biologisch gesprochen sind das die Monokulturen der Wirtschaft, die zum Nachteil der Konsumenten die kreative Vielfalt und Kooperation vieler Teilnehmer auf Augenhöhe verhindern. Schlussendlich bringt die Geschichte vom ewigen Wachstumszwang für das Unternehmen genau das Gegenteil von dem, was am Anfang versprochen wurde. Denn nicht der Tüchtigste, Kreativste oder Fitteste setzt sich durch, sondern korrumpierte Macht auf Kosten der Allgemeinheit.

Doch blicken wir wieder in die Welt unseres Kirschbaums. Herrscht auch dort hinter all den schönen Blüten und Blättern ein bitterer ewiger Kampf und Wettbewerb? Ist unser Kirschbaum in Wahrheit ein kühl berechnender Geselle, der alle Blütenpartys und Früchteorgien nur zur Tarnung veranstaltet? Lauert er dabei nur darauf, jede sich bietende Gelegenheit beim Schopf zu packen, um seine Macht auszudehnen – nach unseren Wirtschaftsregeln zuerst regional und dann, sobald das gelungen ist, immer weiter in die Welt hinaus, bis ein möglichst unbesiegbares Kirschbaumimperium entsteht?

Wenn man die Logik unseres neoliberalen Wettbewerbssystems auf Bäume überträgt, ist auch für jeden Laien deutlich zu spüren, wie nutzlos sie in der Praxis ist. Wie unsinnig der Gedanke ist, dass ein Baum daran Interesse haben könnte, ein weitgespanntes Imperium aufzubauen, in dem die anderen Bäume beherrscht, ja sogar ausgebeutet werden. In der Tat verschwenden Bäume keinen Tropfen Energie und keinen Gedanken an die Idee, ihre Macht über andere Mitbewohner zu deren Nachteil auszubreiten. Imperialismus, Macht- oder Geldanhäufung, das kennen die Bäume nicht. Trotzdem erleben auch sie intensive Phasen des Wettbewerbes. Aber eben mit ganz entscheidenden Unterschieden zu uns Menschen.

Von lebenslangem Wettbewerb kann in der Natur keine Rede sein. Im Gegenteil: Die Zeitabschnitte von Wettlauf und von Energieeinsatz, um sich gegeneinander durchzusetzen, sind im Verhältnis zum ganzen Leben ausgesprochen kurz. Uns Menschen ist dieses Verhalten meistens deshalb nicht bewusst, weil Kampf und Wettbewerbsszenen viel spektakulärer aussehen als die ganz normale friedliche Kooperation. So richten wir unseren Blick stets zum Sensationellen und glauben irgendwann, dies sei der normale Zustand.

Ein Beispiel aus der Tierwelt sind etwa Brunftrituale während der Paarungszeit. Für Tierfilmer sind natürlich Aufnahmen von kämpfenden Hirschen viel besser zu vermarkten als friedlich nebeneinander äsende Tiere. So kommt es, dass die überwiegende Zahl gezeigter Hirschaufnahmen mit Kampf, Brunft und Spektakel zu tun hat. In Wahrheit dauern diese Szenen aber genau zwei Wochen im Jahr. In den anderen 50 Wochen des Jahres liegen die Tiere, die sich kurz um die Gunst des Weibchens gestritten haben, friedlich beisammen und versuchen gemeinsam, gut durch das Jahr zu kommen. Im tatsächlichen Jahreslauf eines Hirschlebens gibt es also ein Verhältnis von 50 Wochen friedlicher Kooperation gegenüber zwei Wochen des Wettkampfes. In Naturfilmen, die wir Menschen sehen, sieht es aber umgekehrt aus.

In unserer menschlichen Neugier nach Sensationen übersehen wir allzu oft, was das Leben wirklich trägt. Wettbewerb, auch wenn er kurzzeitig unvermeidbar ist, bedeutet immer auch den Verbrauch kostbarer Lebensenergie. Deshalb wird der biologische Wettbewerb überall auf das Nötigste beschränkt. Er wird so kurz wie nur möglich gehalten. Das gilt für die Pflanzenwelt des Kirschbaums genauso wie für das Reich der Tiere. Vom ständigen und lebenslangen Wettbewerb kann dabei keine Rede sein.

Ein weiterer großer Unterschied zwischen dem Wettbewerb der Menschen und dem der Natur besteht im Wie seiner Phasen. Die Natur setzt nie auf Mangel oder Angst. Stattdessen sind Fülle und Zuversicht die hauptsächlichen Mittel der Wahl, bei Bäumen gilt das bereits an ihrem Lebensbeginn: Wenn in Wäldern Freiflächen entstehen, fällt Licht auf vorher beschatteten Waldboden. Das ist das klassische Startsignal für die Ansamung eines neuen Waldes. Es spielt dabei keine Rolle, ob die alten Bäume durch Sturm, Feuer oder von Bauholz erntenden Menschen gefällt wurden. Das neue Licht am Boden bleibt das entscheidende Signal. Solange Kahlflächen nicht riesengroß sind, gibt es meistens starke Besamung der Flächen durch angrenzende Altbäume. Förster sprechen in so einem Fall von Naturverjüngung im Gegensatz zu Anpflanzungen durch den Menschen. Naturverjüngungen beginnen fast immer mit viel mehr kleinen Bäumchen an einem Ort, als dort Platz für ausgewachsene Bäume vorhanden ist. Die angesamten Bäumchen finden sich also gleich zu ihrem Lebensbeginn in einer ausgesprochen harten Wettbewerbssituation. Nur für einen kleinen Teil von ihnen wird es später möglich sein, den Raum zur Ausbreitung einer mächtigen Krone zu finden. Alle anderen werden im Laufe des Aufwachsens verschwinden. Also doch eine Wettbewerbssituation, wie wir sie aus unserer vorher geschilderten Menschenerzählung kennen?

Ja, tatsächlich erleben Bäume in ihrer Jugend eine solche Phase. Es gilt dabei aber nicht nur um jeden Preis am schnellsten zu wachsen. Das allein wäre viel zu gefährlich. Wer zu schnell nach oben wächst, der bekommt einen dünnen und damit schwachen Stamm. Der nächste schwere Nassschnee oder ein heftiger Sturm würde solche Gewächse knicken und so aus dem Rennen werfen. Wer seine Krone als starker alter Baum ausbreiten will, der muss auch am Weg dorthin stark und gesund bleiben. Die jugendliche Wettbewerbsphase der Bäume ist daher eine sehr anspruchsvolle Lehrzeit. Wer achtlos nur nach vorne rennt und seine eigene Gesundheit vergisst, der wird geknickt. Wer zu wenig Freundschaften mit den Mikroorganismen im Boden schließt, der bekommt zu wenig Spurenelemente aus dem Humus geliefert. Er bleibt zurück, gerät in den Schatten und vertrocknet irgendwann.

Während dieser durchaus herausfordernden Zeit fällt aber bereits eines auf. Obwohl sie im harten Wettkampf stehen, sind Bäume untereinander unglaublich fair und hilfsbereit. Es geht für sie wirklich ums Überleben, trotzdem reagieren sie bei Bedrohungen stets gemeinsam. Im Notfall helfen sie immer dem in Bedrängnis geratenen Nachbarn, um gemeinsam das Unheil abzuwenden. Wenn zum Beispiel ein Schwarm Borkenkäfer angreift, hören alle trotz des Wettbewerbes auf zu wachsen und produzieren zunächst einmal gemeinsam Abwehrstoffe gegen die Angreifer. Ähnliches sehen wir bei bedrohlicher Wasserknappheit. In beeindruckender Gemeinsamkeit informieren sich die Bäume gegenseitig über ihre noch vorhandenen Wasservorräte. Sie tun das mit einem internetähnlichen Informationssystem im Waldboden. Dort sind alle Baumwurzeln mit einer unüberschaubaren Vielzahl an extrem dünnen Pilzfäden verbunden. Durch das Absondern spezieller Säuren und chemischer Verbindungen in ihren Wurzelspitzen können sich Bäume untereinander entlang dieser Pilzfäden chemische Impulse zusenden. Und sie haben gelernt, diese biochemischen Impulse zu decodieren, genau gleich, wie unser Gehörsystem die Schallwellen der Sprache decodieren und in verwertbare Informationen umwandeln kann. Auf diese Weise »reden« Bäume miteinander. Sie sind tatsächlich in der Lage, sich über wichtige Themen auszutauschen und im besprochenen Fall eine gemeinsame Wasserbewirtschaftung zum bestmöglichen Überleben aller zu organisieren.

Dabei könnte in so einer Situation ein Baum, der zufällig mehr Wasservorräte besitzt oder eine Wurzel in feuchtere Schichten vorangetrieben hat, versuchen, den anderen jetzt schnell »davonzuwachsen«. Doch keiner von ihnen kommt auf die Idee, die Notlage des Nachbarn auszunutzen, weil er selbst gerade mehr Glück hat. Bei uns Menschen wäre solch brüderliche Zurückhaltung im Wettkampf, bei dem es am Ende ja um das eigene Überleben geht, so ungewöhnlich und selten, dass wir wohl mit Medaillen, Medienberichten und ähnlichen Anerkennungen bedacht würden. Bei den Bäumen ist es dagegen selbstverständlich, und niemand macht daraus ein großes Aufhebens. Die Erzählung, dass die Natur stets auf gnadenlosem Wettbewerb aufgebaut ist und es letztlich ein ewiges grausames Hauen und Stechen, ein Fressen und Gefressenwerden ist, diese Erzählung stimmt einfach nicht. Wer genau beobachtet, kann sehen, dass Kooperation und Zusammenhalt viel häufiger vorkommen.

Noch deutlicher zeigt sich der brüderliche Weg des Kirschbaums und all seiner Baumkollegen, sobald sie es geschafft haben, ganz oben im Sonnenlicht ihre Krone auszubreiten. Das ist für den Baum ja der Augenblick, in dem er seine Existenz abgesichert sieht. Jetzt hat er es geschafft; es besteht keine Gefahr mehr, dass er die Energiequelle der Sonne wieder verliert. Auch ab diesem Zeitpunkt zeigt sich der unterschiedliche Umgang von Bäumen und Menschen mit dem Thema Wettbewerb besonders deutlich. Denn sobald ein Baum seine Existenz unmittelbar abgesichert sieht, lebt er in augenscheinlicher Verbundenheit ganz und gar für die Gemeinschaft. Es gibt wohl kaum eine größere Brüderlichkeit als die, die zwischen den Bäumen im Wald gelebt wird. Sie handeln mehr und mehr als kollektiver Gemeinschaftskörper. Anstatt ihre Einzelinteressen voranzutreiben, leben sie eine immer stärker werdende Verbundenheit. In vielen Entscheidungen und Überlebensstrategien werden sie mehr und mehr zu einem scheinbar verschmolzenen Wesen. Aus einzelnen Bäumen ist jetzt der durch und durch vernetzte Wald geworden. Der Wald, der von außen betrachtet als großes Wesen, versehen mit der Schwarmintelligenz aller Bäume, sein Leben meistert.

Die Bäume scheinen ganz genau zu wissen, wie groß und bedeutungsvoll ihre Aufgaben jetzt sind. Damit eines Tages ihre eigenen Nachkommen gesund aufwachsen können, geben sie jetzt ihr individuelles Dasein in weiten Bereichen diesem Ziel hin, indem sie versuchen, den Boden zu verbessern. Mit allen Lebewesen des Waldes treten sie dazu in Kooperation. Denn der Baum allein kann keine Humusschicht vergrößern oder die Erde mit Nährstoffen anreichern. Das geht nur, indem er für alle dort arbeitenden Mikroorganismen und Pilzkulturen sorgt. So bringt er den in der Krone erzeugten Zuckernährstoff nach unten. Seine Wurzeln durchpflügen die Unterwelt, stabilisieren und schaffen Luft- und Wasserkanäle und sorgen so für neue Lebensräume für alles Bodenleben. Neben dieser wertvollen Bodenarbeit, die ja auch für uns Menschen die Zukunft sichert, reinigen Bäume ein Leben lang das Wasser und die Luft. Auch diese Arbeit gelingt wieder durch mannigfaltige Kooperationen der Bäume mit allem Leben im Wald.

Ein gesunder Wald, ein stabiles Ökosystem ist einzig und allein das Ergebnis gelungener Beziehungen auf unzählbaren Ebenen. Würden Bäume mit egoistischem, menschlichem Machtstreben in die Waldgemeinschaft gehen, so würden sie unmittelbar und kläglich scheitern. Gegenseitige Fürsorge und Hingabe ist dort keine moralische Größe, es ist viel mehr der einzig erfolgreiche Lebensweg. Es gibt keine Photosynthese, ohne dass vorher Mikroorganismen für den Baum Stickstoff und Magnesium aus dem Humus buddeln. Es gibt keine Spurenelemente für das fantastische Baumharz, ohne dass Pilze die von den Kleinlebewesen geschürften Nährstoffe zu den Wurzelspitzen bringen. Die Harze schützen durch ihre geniale Rezeptur in einem höheren Maße bei Verletzungen vor eindringenden Bakterien, Viren und Pilzen, als übliche Präparate der menschlichen Pharmaindustrie das können. Auch die Volksmedizin kennt ja die Baumharzsalben als tragende Säule bei jeder Wundheilung. Mehr dazu und auch ein einfaches Rezept zum Selbstmachen und Ausprobieren sowie die wissenschaftlichen Untersuchungen zu diesem Schatz der Bäume finden Interessierte in dem Buch *Die sanfte Medizin der Bäume**. Es gäbe keine Baumbesiedelung an Extremstandorten wie in Sümpfen und Wüsten oder an Felskanten im Hochgebirge, wenn nicht besonders angepasste und ausgestattete Pionierbäume ein Leben lang diese Böden vor- und aufbereiten würden, damit später größere Bäume und der ganze Wald nachrücken können.

Auch wenn wir Menschen in der Natur spektakuläre Szenen von Raubtieren und ihrer Beute, vom Fressen und Gefressenwerden beobach-

---

* Maximilian Moser & Erwin Thoma: *Die sanfte Medizin der Bäume. Gesund leben mit altem und neuem Wissen.* Servus Verlag, Salzburg 2020.

ten können, das grundlegende Gelingen des Lebens, die mystischen und rational für uns Menschen nie ganz begreifbaren Schöpfungsakte in jedem Neubeginn, dieses geheimnisvolle Auswiegen ökologischer Gleichgewichte zwischen unzählbaren Lebewesen, die entspringen wie vieles mehr immer gelungenen Vereinigungen, Kooperationen, Beziehungen und ja, liebevoll fürsorglichen Hinwendungen.

Die Einsicht über diese universelle Verbundenheit allen Lebens ist auch zur Lösung der Probleme, vor denen die Menschheit heute steht, unverzichtbar. Von den macht- und geldgetriebenen Rationalisten, die diese herbeigeführt haben, ist jedenfalls keine Lösung zu erwarten. Es ist ein Irrglaube, wenn wir auf Technokraten hören, die uns neuerdings erzählen, der Mensch werde Klimathemen allein technisch »in den Griff« bekommen. Das muss scheitern. Genau wie der Versuch scheitern muss, mit dem Einsatz tödlicher Waffen Frieden zu erreichen. Es bleibt auch unmöglich, soziale Gerechtigkeit auf Erden herzustellen, solange wir das Werkzeug und Tauschmittel Geld mit kranken Allmachtsfantasien beladen. Eine Gesellschaft, die Geldanhäufung ohne Ende als ganz wichtiges Ziel sieht, die kann gar keine soziale Gerechtigkeit erleben.

Wie finden wir also aus diesen Widersprüchen heraus? Die Denkwelten und Wertvorstellungen, die uns die alten Probleme gebracht haben, die werden uns immer wieder in die gleichen Projektionen jagen und keine Lösung bringen. Beginnen wir stattdessen endlich wieder den Weg zu gehen, der die liebevolle Förderung des Lebens in seine Mitte stellt! Der Weg des Kirschbaums ist ein leuchtendes Beispiel dafür. Sei es im Frühling mit seinem Blütenmeer, im Sommer mit den saftig roten Früchten, dem bunten Herbstlaub oder mit seiner schlichten Zurückhaltung im Winter. Er sagt uns, dass das Leben nicht durch erstarrende Anhäufung gelingt, sondern durch Fließen, durch Geben und Nehmen, Tauschen und Teilen. Er zeigt uns die wertvollste Investition und die besten Zinsen auf Erden: echte Freunde und Menschen, die mit uns inniges Vertrauen teilen. Der Kirschbaum lebt uns vor, wie einsam und eng maximaler Besitz im Vergleich zu geteilter Freude und wertschätzender Kooperation sind. Bei unserem Kirschbaum erinnert Wettbewerb an ein Schulsportfest, bei dem – im guten Sinn! – jugendliche Kräfte gemessen und verglichen werden. Aber der Wettbewerb taugt niemals zu einem zentralen und lebenslangen Verhalten. Da setzt der Kirschbaum mit seiner über Hunderte Jahrmillionen gewonnenen Baumweisheit viel lieber auf ein verbundenes Miteinander und auf liebevolle Hingabe. Niemand im Wald, der in diesem

System aufgewachsen ist, niemand kann sich davor bewahren, auch sich selbst für die anderen liebevoll hinzugeben. Das ist der Kern unserer Natur und Schöpfung: ein Fluss der Hingabe und Liebe, der niemals stoppt. Diese Kraft ist ein Perpetuum mobile des Lebens, eine unerschöpfliche Quelle, aus der auch wir Menschen schöpfen können. Vermutlich ist es die einzige Quelle, die uns so viel Kraft, Einsicht und Empathie gibt, dass wir befähigt werden, die wahrlich großen Probleme unserer Zeit zu lösen. Trinken und nähren wir uns endlich aus dieser Quelle des Lebens!

Kapitel 7

DEN WEG GEHEN

Die Geschichte vom Kirschbaum mag zuerst einmal ein wenig träumerisch und realitätsfremd klingen. Ausgerechnet ein Baum soll uns vorleben, dass Kooperation und Mitgefühl die besseren Lebensbegleiter sind als Konkurrenz und grenzenloser Wettbewerb. Denn der Baum sammelt nicht Geld und Macht, sondern intakte Beziehungen zu allen Lebewesen. Dadurch kann er aus der geheimnisvollen und nicht versiegenden Quelle des Lebens schöpfen, aus der Vertrauen, Hoffnung, Angstfreiheit und vor allem Liebe fließen. Wer sich derart nährt, der darf sich über das Gelingen des Lebens freuen.

Dieses Bild, das uns der Kirschbaum und all seine Geschwister vorleben, steht im krassen Gegensatz zu den von uns Menschen gelebten und geglaubten Erzählungen. Ist es nicht einfach zu schön, zu idealistisch, um wahr zu sein? Kann man von einem Menschen in seiner Unvollkommenheit überhaupt verlangen, sich derart dem rauen Leben auszuliefern? Und selbst wenn man den Kirschbaumweg aus ganzem Herzen auch für uns Menschen herbeisehnt, wie soll es mir allein gelingen, auf Verbundenheit, Kooperation, Vertrauen und Freundschaft zu setzen, wenn rundherum der Raubtierkapitalismus wütet und mir so eine Haltung als Schwäche ausgelegt wird?

Bei diesen Fragen erinnere ich mich an meine bereits erwähnte Gründerzeit als junger Unternehmer und Familienvater zurück. Gerade in der Phase der Existenzangst, gerade im Sturm der rauen Wirtschaft erscheint es ja am schwierigsten, schöne Kirschbaumgedanken umzusetzen. Wenn ich heute, rund vier Jahrzehnte später, auf diese Zeit zurückblicke, dann ist es auch für mich selbst erstaunlich, dass ich gerade damals die Erfahrungen machen konnte, die mich vom Kirschbaumweg überzeugten. Der Bericht über die Gründung und Entwicklung meines eigenen Unternehmens möge als Praxisbeispiel dafür dienen, dass die Haltung, mit der wir an schwierige Aufgaben herangehen, zu den wichtigsten Entscheidungen gehört, die wir selbst in der Hand haben. Je größer die Herausforderung, desto wichtiger wird unsere innere Klarheit und Ausrichtung. Am Ende hängt das Gelingen oder

Scheitern oft davon ab, ob wir in der Angst geblieben sind oder zum Vertrauen gefunden haben. Der Kirschbaum gibt uns mit seinem Beispiel ein Bild, das uns hilft, aus der richtigen Quelle zu trinken und unser Urvertrauen ins Leben zu bewahren. Es ist mir noch wichtig, dazuzusagen, dass es wohl viel eher engelhafte Fügungen waren als meine seelische Reife oder persönliche Leistung, die mich dorthin geführt haben, wo ich heute bin.

Aber gehen wir 40 Jahre zurück. Ich hatte ein aus heutiger Sicht beinahe mittelalterlich anmutendes kleines Sägewerk erworben. Es befand sich im malerischen Bergdorf Neukirchen am Großvenediger. In der Nachkriegszeit waren talaufwärts und -abwärts solche Sägewerke entstanden, die gewinnbringend Bretter und Pfosten schnitten. Diese Ware wurde vor allem nach Italien verkauft. Aber die Zeit und der technische Fortschritt blieben nicht stehen, und die ehemals moderne Technik mit Gatter- und Besäumersägen wurde bald von viel leistungsfähigeren und vor allem immer höher mechanisierten Anlagen überholt. Die Lohn- und Einschnittkosten der alten kleinen Sägen waren für Exportware einfach zu hoch geworden. Kaum jemand im Ort konnte sich daher vorstellen, was der verrückte junge Kerl mit dem ausgedienten kleinen Sägewerk vorhatte.

Tatsächlich hatte ich mit dem damals schon über 80-jährigen Opa meiner Frau als Berater an meiner Seite ganz andere Pläne, als Exportbretter für Italien zu schneiden. Mondholz geisterte durch meinen Kopf. Denn nach meiner großen anfänglichen Skepsis hatte mich der Opa davon überzeugt, dass Bäume, die im Winter, also zur Saftruhe, und bei abnehmendem Mond geerntet werden, wesentlich widerstandsfähigeres Holz gegen Insekten- und Pilzbefall liefern. Der Vorteil lag auf der Hand. Das damals noch überall übliche hochgiftige Streichen aller Bauhölzer konnte so vermieden und Holzhäuser mit einer Lebensdauer von mehreren Jahrhunderten auf natürliche Weise gebaut werden. Der Opa war ein Zimmermann der alten Schule, für den das Achten auf die natürliche Lebensrhythmik der zu verarbeitenden Bäume eine Selbstverständlichkeit darstellte. Und ich war der staunende Lehrling, der im Sommer vor dem geernteten Wintermondholz stand und nicht glauben konnte, dass in der Rinde des Rundholzes immer noch kein Käfer- oder Pilzbefall stattgefunden hatte, während daneben gelagerte Vergleichshölzer aus einer anderen Fällperiode schon längst befallen und beschädigt waren.

Trotz aller wirtschaftlichen Schwierigkeiten war es für uns beide eine erfüllende Zeit. Für den alten Mann war es die Freude zu sehen, dass sein Wissen noch gewürdigt wurde und der Familie seiner Enkelin half. Und für mich, der ich sein Wissen darüber annehmen konnte, war er einfach ein Geschenk des Lebens. Nicht jeder alte Meister ist in der Lage oder bereit, sein Wissen weiterzugeben. Immer mehr begriff ich, wie kostbar diese Schule der Praxis und des gemeinsamen Tuns mit dem Opa war. So habe ich begonnen, all die Erlebnisse in einem Tagebuch mitzuschreiben. Es ging ja nicht nur um Mondholz allein. Die Trocknung, die Lagerung, Verarbeitung – unzählige Themen füllten unsere Tage. Und besonders meine Arbeitstage, die waren wirklich lang. Mit zuerst nur einem Mitarbeiter, später dann zwei, drei und fünf Arbeitern war ich anfänglich einfach für alles selbst verantwortlich. Neben der Produktion mit Opas Lehrstunden musste ich ja auch alle Verwaltungstätigkeiten und den Verkauf übernehmen. So ergab es sich, dass ich eines Tages mit einer Kundschaft in der Küche saß und einen Vollholzfußboden verkaufte. Dabei blätterte ich in meinen Aufzeichnungen, erklärte unsere Arbeitsweise vom Mondholz bis zum fertigen Boden und zeigte sogar Bilder vom Wald, in dem wir die Bäume geerntet hatten. Gebannt hörten die Leute zu, da sagte jemand: »Herr Thoma, Sie müssen unbedingt ein Buch schreiben. Das ist ja ein wirklich spannendes und wertvolles Wissen, das Sie da vom Opa bekommen haben. So etwas interessiert sicher ganz viele Menschen!«

Ich entgegnete, dass ich sicher kein Buch schreiben würde, weil ich das gar nicht könne. Außerdem wisse ich überhaupt nicht, was man dabei tun müsse, wie man einen Verlag finde und so weiter. Ich sei beim Holz daheim und nicht beim Bücherschreiben – basta!

Mein Gegenüber lächelte und erklärte mir, dass mein Tagebuch bereits ein wunderschönes Manuskript sei. Alle wichtigen Inhalte und Informationen seien dort genau aufgeschrieben und müssten nur noch in einen gut verständlichen und lesbaren Text gebracht werden. Und einen Verleger zu finden, sei gar kein Problem, denn vor mir sitze gerade einer. Über diesen Zufall staunte ich nicht schlecht. »Warum kein Buch schreiben, wenn sich so eine Gelegenheit ergibt?«, dachte ich und erbat mir einige Tage Bedenkzeit.

Wenig später hatte ich einen Routinetermin bei meinem Steuerberater, um verschiedene Buchhaltungsarbeiten zu erledigen. Nachdem wir fertig waren, bot er mir einen Kaffee an und wir hatten Zeit, uns ein wenig auszutauschen. Dabei erzählte ich ihm von der Idee, eventuell ein Buch über das alte Wissen vom Opa und über meine Erfahrungen damit zu schreiben. Nachdem er lange schweigend zugehört hatte, sagte er zu mir: »Diese Buchidee, die solltest du aber schön bleiben lassen. Es ist ja klar, dass der Verleger ein Geschäft machen will. Aber denk einmal darüber nach, was du da preisgeben würdest. Immerhin habe ich dich jetzt durch die schwierige Zeit deiner Unternehmensgründung begleitet. Das überleben viele junge Unternehmer nicht. Und du hast das Glück, dass dir der Großvater deiner Frau solche Betriebsgeheimnisse mitgibt. Genau dieses Wissen ist ja deine Alleinstellung und auch dein Verfahrensgeheimnis. So etwas musst du schützen und geheim halten. Stell dir vor, wenn du das in dein Buch schreibst, dann kann das ja jeder nachmachen. Du züchtest damit ja deine eigene Konkurrenz!«

Damit verunsicherte er mich sehr. Plötzlich drehte sich die Idee vom Holzbuch ins Gegenteil. Ein Projekt, das sich bis dahin für mich gut angefühlt hatte, wurde zur Bedrohung. Ein langer Abend des Nachdenkens folgte. Aber alle Gespräche, alle Überlegungen brachten mir keine eindeutige Orientierung. Die Argumente des Steuerberaters bildeten die Welt der Wirtschaft im unaufhörlichen Wettbewerb aller Teilnehmer ab. Trotzdem erschien mir der Gedanke vom Weitergeben des Wissens, das ich ja auch selbst bekommen hatte, nicht ganz abwegig. Daraus wurde eine jener Situationen, in denen alles Reden und Nachdenken irgendwann nicht mehr hilft und einen nicht mehr weiterbringt. Das Beste ist es da, immer die Zeit und einen anderen Ort wirken zu lassen. So packte ich mich zusammen und wanderte mit meinem Hund in den Wald hinaus, während ich immer noch gedanklich an dem Thema herumkaute. Bis irgendwann ein herumturnendes Eichhörnchen meine Aufmerksamkeit fesselte. Es verschwand schließlich in einer hohen Baumkrone und mein Blick folgte dem Stamm mit seinem schuppigen Rindenkleid wieder hinunter zu seinen geschwungenen Wurzelanläufen. Ich betrachtete ihr Verschwinden im bemoosten Waldboden. »Ja, du bist wirklich die Brücke zwischen Himmel und Erde«, dachte ich. »Unzählige Lebewesen dort unten versorgst du mit dem süßen Zucker, der nur oben im Sonnenschein in Blättern und Nadeln erzeugt werden kann. Und ihr da unten liefert alle Spurenelemente, durch die erst die mannigfaltige Formgebung des ganzen Waldes möglich wird.« Unvermittelt war ich in die Zauberwelt des Waldes hineingesunken. Jetzt war es kein Denken mehr, vielmehr fühlte ich ein Zusammenwirken von allem Leben, als gäbe es keine einzelnen Wesen mehr. Der ganze Wald wurde zu einem einzigen Organismus. Zum verbundenen Lebewesen Wald. Es war nur mehr Leben aus einer Quelle, Leben in einem Guss, das sich gegenseitig ermöglicht und bedingt. Kein Wesen war zu viel, keines zu wenig, keines störend. Der Wald um mich herum, ich konnte ihn als das sehen, was er tatsächlich war: ein großes Spiel des Lebens selbst. Ein Spiel, in dem im nie aufhörenden Fluss die Formen verändert werden, ineinander übergehen, sich gegenseitig verschmelzen, verdauen und neu ermöglichen. Ein Lebensfluss, der sich selbst am Fließen hält in seiner innigen Vernetztheit aller Teilnehmer. Ein Fluss, dessen ursprüngliche Quelle sich ewig ein letztes Geheimnis bewahren wird, das sich unseren irdischen Sinnen niemals restlos offenbaren wird. All die Schöpfungsakte, ihr immerwährender Antrieb – wer kann das erklären?

Irgendwann erwachte ich aus meinem Tagtraum. Die Gedankenwelt, die ich vorher hierher mitgebracht hatte, tauchte nach und nach wieder auf. Ja, im Wald ist alles anders. Es ist eine Anderswelt im Vergleich zu unserer Menschenwelt. In der Phase des Erwachens konnte ich beide Welten nebeneinander sehen, im Kopf verstehen, im Herzen spüren und fühlen. Dort ist die Welt des Waldes in ihrer innigen Verbundenheit, die alles Leben zu einem großen Organismus zusammenfließen lässt – und hier die Menschenwelt mit unserer abgetrennten Einsamkeit, mit unserer Angst, Sorge und Unachtsamkeit.

Obwohl sie uns Menschen so weit weg, so märchenhaft erscheint, ist die Anderswelt des

Waldes – trotz der Distanz zu unserem Alltag – dem Leben, dem Kern unserer Existenz viel näher, viel wahrhaftiger als jede Menschen-Illusionswelt. Am Heimweg wurde es dann ganz praktisch und klar. Wenn im Wald das Leben nur deshalb funktioniert, weil alle geben und nehmen, die Gaben und Ressourcen durch sich durchfließen lassen, dann will ich das auch versuchen.

Ich entschied mich also gegen den sicherlich gut gemeinten Rat meines Steuerberaters und dafür, ein Buch zu schreiben, in dem ich über das mir vom Opa geschenkte Wissen und meine Erfahrungen damit berichten wollte. Ich wollte einfach probieren, das Kostbare, das ich bekommen hatte, zu teilen, auszusäen, und es nicht für mich allein festzuhalten, zu bewachen und zu verteidigen. Rückblickend war es wohl eine der wichtigsten Entscheidungen, die ich als Unternehmer getroffen habe. Es war die Entscheidung für den Weg des Waldes, für den Weg des Kirschbaums.

Mein erstes Buch trug den Titel *Dich sah ich wachsen – Was der Großvater noch über Bäume wusste** und erschien im Jahr 1996; es wurde inzwischen in vielen Auflagen gedruckt und

---

* Erwin Thoma: *Dich sah ich wachsen. Was der Großvater noch über Bäume wusste.* 6. Aufl. Servus Verlag, Salzburg 2020.

in zahlreiche Sprachen übersetzt. Bei der Buchpräsentation, die wir damals am Gipfel des Wildkogels feierten, hatte ich noch keine Ahnung, welche Antwort das Leben auf meine Entscheidung, mit dem Buch mein Wissen zu teilen, geben würde. Anhand zweier Beispiele soll darüber berichtet werden.

Kurze Zeit nach der Bucherscheinung bekam ich einen Telefonanruf aus Japan. Da bat jemand, mich besuchen zu dürfen, weil das Buch in Japan gelesen worden war. Ich kannte das Land lediglich aus dem Geografieunterricht in der Schule und antwortete zuerst, dass wir ja nur eine ganz kleine Firma seien und nichts Großartiges bieten oder zeigen könnten. Darum gehe es nicht, wurde mir in gutem Englisch geantwortet. Eine kleine Delegation möchte viel mehr den Autor des Buches kennenlernen. Staunend stimmte ich schließlich einem Besuchstermin zu. Und noch mehr staunte ich, als die Japaner ankamen. Ein älterer buddhistischer Mönch leitete die Gruppe, die ihm offensichtlich großen Respekt entgegenbrachte. Er stellte sich als Herr Murakami vor und die Dolmetscher begannen gleich, sorgfältig vorbereitete Fragenlisten abzufragen. Nach einigen Antworten stellte ich die Gegenfrage, was denn diese Leute zu mir nach Österreich führe. Immerhin war unser Empfang tatsächlich sehr bescheiden gewesen. Wir waren eine kleine Firma mit wenigen Mitarbeitern, ehrlich um unsere Arbeit bemüht, aber noch ohne große Referenzbauten oder spektakuläre Beispiele. Der Mönch lächelte und entschuldigte sich sehr höflich, dass er das nicht schon erklärt habe. Schließlich verstand ich aus seiner Antwort, dass er aus einem japanischen Kloster kam, das als ältester Holzbau der Menschheit galt und mehr als 1600 Jahre alt war. Und in diesem Kloster gäbe es Aufzeichnungen, wie das Bauwerk errichtet wurde. Nun hatte dieser Mönch von einem europäischen Professor für Japanologie zufällig mein Büchlein bekommen, es gelesen und zur großen Verwunderung der ganzen klösterlichen Gemeinschaft festgestellt, dass sich meine Angaben zu Themen wie Mondholz, Erntezeitpunkt und Trocknung so wie auch meine Gedanken zum abfallfreien Bauen im Fluss der Natur mit den alten Informationen zum Klosterbau vor 1600 Jahren deckten. So wollten die Mönche bei ihrer nächsten Europareise erfahren, wer solches geschrieben hatte und welche Hintergründe oder Quellen es dafür gab.

Da staunte ich wirklich sehr und gab die wenig geistreiche Antwort: »Also, in Japan war der Opa sicher nie! Von dort kann sein Wissen nicht kommen.« Das Gespräch ging weiter und am Ende sagte Herr Murakami zu mir: »Was Sie machen, das ist gut!« »Warum ist das gut?«, wollte ich wissen. »Weil Sie versuchen, so zu arbeiten, dass Sie keine Spuren auf Erden hinterlassen. Sie belasten kein Leben!« Diese Worte konnte ich verstehen und sie berührten mich. Immerhin bemühte ich mich jetzt schon seit einigen Jahren, das alte Wissen vom Opa und neue Fertigungstechniken so zusammenzuführen, dass wir gesunde, lebensfördernde Häuser bauen konnten. Und trotz meinem ehrlichen Bestreben hatte sich in meinem Heimatdorf und der nächsten Umgebung bisher so gut wie niemand dafür interessiert. Im Gegenteil, wir wurden eher als Träumer und Spinner ausgelacht. Geld verdienen, so hieß es, das gehe anders. Da müsse man beim Bauen schon pragmatisch sein …

So freute ich mich umso mehr, dass wenigstens dieser freundliche Mönch aus Japan und seine Begleiter die Mühe und den Wert unserer Arbeit sahen und sie wertschätzend ansprachen. »Ich werde Sie deshalb unterstützen!«, fügte der Mann noch mit einem tiefgründigen Lächeln hinzu. Da wusste ich keine Antwort und ich verbeugte mich leicht und bedankte mich. Im Stillen aber bezweifelte ich seine Möglichkeiten, mir zu helfen. »Wie könntest du mir helfen, du fährst bald zurück nach Japan, und ich sehe dich nie wieder«, ging mir durch den Kopf. Schließlich verabschiedeten sich die Japaner, und ich begleitete sie nach draußen. Es war ein schon recht kalter Spätherbsttag, doch der Mönch ging trotzdem barfuß in leichten Sandalen mit hölzerner Sohle. Dieses Bild prägte sich mir ein, als die Gruppe auf dem Schotterweg vor unserem Haus davonging.

Nachdem ich nichts erwartet hatte, kam der Anruf aus Japan einige Wochen später ziemlich überraschend. Wieder in gutem Englisch stellte sich der Anrufer als Verleger aus Tokio vor. »Ich muss Ihr Buch übersetzen lassen und auf den japanischen Markt bringen«, sagte er. Warum er das müsse, fragte ich mich zwar, willigte aber erfreut ein. Auch mein Verlag war einverstanden, und der Kontakt mit der Übersetzerin des japanischen Verlages war bald hergestellt. Als das Buch in Japan erschienen war, bekamen wir mehr und mehr Anfragen von Kunden für ein Vollholzhaus aus Mondholz aus dem fernen Land.

In einer Zeit, in der zu Hause die meisten Wohnhäuser gemauert und Kindergarten und Schule betoniert wurden, waren die Aufträge aus Japan für uns ein Segen. Sie konnten einen wichtigen Beitrag zur Auslastung unserer neu entstandenen Anlagen leisten. Das Schönste war aber das Vertrauen, das uns die Kunden der am weitesten entfernten Baustellen schenkten. Man bat immer um korrekte Kalkulation; Nachverhandlungen und Versuche, den Preis mit allen möglichen Tricks zu drücken, gab es niemals. Wenn überhaupt, dann gab es die Bitte, doch irgendetwas wegzulassen, weil das Budget nicht reiche. Nach der Bestellung wurde immer die volle Auftragssumme im Voraus überwiesen – ohne Sicherstellung, auf der Basis von Vertrauen! Das wäre in unserer Geschäftskultur auch damals, kurz nach der Jahrtausendwende, nicht denkbar gewesen. Aber es war absolut notwendig. Denn wir hätten die Bauprojekte nicht selbst vorfinanzieren können, und wohl keine Bank hätte uns umgekehrt auf der Grundlage von bloßem Vertrauen und ohne Sicherheiten entsprechende Kredite für Projekte im fernen Japan gewährt.

Soweit wir erfahren konnten, haben sich die Kunden aber immer bei anderen Bauherren, die schon ein Holz100-Haus hatten, schlaugemacht, wie wir arbeiteten und wie wir mit geschenktem Vertrauen umgingen. Eine wahrlich andere Kultur im Gegensatz zur Geschäftsabwicklung, die wir in Europa am Bau kennen. Das Japangeschäft und die Fairness in den Preisverhandlungen haben mir damals wesentlich geholfen, unser Forschungszentrum in Goldegg aufzubauen und die Entwicklungsarbeit systematisch in unsere Firma zu integrieren. Wohl kaum hätte ich dieses wichtige Geschenk für unsere Unternehmensentwicklung bekommen, wenn ich nicht vorher den Mut gefasst hätte, meine Erfahrungen und das geschenkte Wissen vom Opa in mein erstes Buch zu schreiben und es mit allen Leserinnen und Lesern zu teilen.

Ein weiteres, für uns unschätzbar wichtiges Geschenk bekam ich aus der Schweiz: Nur durch das Buch konnte ich zwei für mich ganz wichtige Menschen kennenlernen. Der erste war ein Professor an der renommierten technischen Hochschule ETH in Zürich. Auch Professor Dr. Ernst Zürcher hatte mit großer Aufmerksamkeit meine Ausführungen gelesen. Das Thema Mondholz, also die Möglichkeit, durch die Auswahl des günstigsten Erntezeitpunktes der Bäume zu einer wesentlichen Verbesserung der Holzqualität beizutragen, interessierte ihn brennend. Besonders der Umstand, dass hier jemand aus rein praktischer Erfahrungssicht berichtete. Professor Zürcher hatte vorher schon wissenschaftliche Arbeiten zur Untersuchung des Einflusses natürlicher Rhythmen auf Pflanzen durchgeführt. Schließlich startete er an seinem Institut eine rund fünfjährige Forschungsarbeit, und am Ende konnte er in renommierten internationalen Wissenschaftsmagazinen den erbrachten Nachweis publizieren, warum und wie Mondholz wirklich funktioniert. Insbesondere die über lange Zeiträume signifikant höhere Dauerhaftigkeit von verbautem Mondholz wurde so auch wissenschaftlich bestätigt. Für uns Holzbauer war und ist das enorm wichtig, denn mit dieser Methode können – ohne belastende Gifte und Holzschutzmittel – Holzhäuser für Jahrhunderte gebaut werden. Der wissenschaftliche Nachweis für die Wirkung von Mondholz, wie wir das richtig geerntete Holz nennen, war für uns aber auch deshalb so wichtig, weil das Thema immer wieder unseriös und unsachlich angegriffen wurde. Das sei Esoterik und nicht nachweisbar, mussten wir uns oft anhören. Dabei half es uns wenig, wenn wir wussten, dass solche Einwände allzu oft nicht aus ehrlich kritischem Denken kamen, sondern aus Leim und Chemie verwendenden Holzindustriebetrieben lanciert und finanziert wurden. Das damals junge Medium Internet war ein idealer Nährboden für derartige Angriffe, gegen die man sich schwer oder nur mit großen Ressourcen wehren konnte.

Man kann sich also vorstellen, welcher Segen da die Bestätigung unseres Mondholzes durch eine Forschungsarbeit an der renommiertesten Technikuniversität Europas für uns war. Und vielleicht wären die Versuche an der ETH ohne mein Buch ganz anders verlaufen, denn es hatte mich als Referent auf einem Holzsymposium damals mit dem ebenfalls vortragenden Prof. Zürcher zusammengeführt.

Ein gemeinsamer Austausch und Gespräche, Treffen und Kontakte bis heute folgten. Mit großer Dankbarkeit blicke ich auf die Verbindung zu Herrn Prof. Zürcher zurück.

Der zweite Schweizer, der mir durch das Buch »geschenkt« wurde, war der damals junge Handwerker Beat auf der Maur. Beat war als gelernter Zimmermann und Maurer begeistert in der Restaurierung alter Schweizer Hausbauten tätig, vor allem in seiner Innerschweizer Heimat. Eines Tages schenkte ihm ein älterer Restaurator auf einer Baustelle mein Büchlein.

»Ich habe doch eigentlich zum Lesen keine Zeit. Dann habe ich aber am Abend das Buch zur Hand genommen. Ich begann zu blättern und habe es dann in einem ausgelesen. Die halbe Nacht lang!« So erzählte es mir Beat später. Es beschäftigte ihn so sehr, dass er sich kurze Zeit später ins Auto setzte und zu mir nach Goldegg ins Salzburger Land fuhr. Einige Jahre später errichteten wir gemeinsam erste wunderbare Holz100-Häuser in der Schweiz und Beat war jetzt der eidgenössische Vertreter von Thoma. Neben seiner eigenen Bautätigkeit, die er schon mit einem respektablen Team von Handwerkern, Ingenieuren und Technikern umsetzen konnte, gewann er in den verschiedenen Kantonen immer mehr Architekten, Zimmerer, Bau- und Schreinerbetriebe, die Holz100-Häuser anbieten konnten und wollten. Allein in den letzten Jahren wurden auf diese Weise großartige Bauten umgesetzt – wunderbare Wohnhäuser, vom ganz modernen Objekt bis zum behutsamen Anbau an denkmalgeschützte Gebäude. Das erste energieautarke Haus ohne zusätzliche Heiz- und Kühltechnik wurde gemeinsam mit dem Architekten Sascha Schär und der Bautechnikerin Regula Trachsel im Simmental umgesetzt. Eine Reihe energieautonomer Gebäude, die ganzjährig nur von der auftreffenden Sonne geheizt und gekühlt werden, folgten. Im Laufe der Jahre kamen immer mehr und größere gewerbliche Bauprojekte dazu, Hotels, mehrgeschossige Wohnungsüberbauungen bis hin zu einem aktuell laufenden großen Krankenhausprojekt – nach seiner Fertigstellung wird es wohl das bislang einzige Krankenhaus in moderner Vollholzbauweise sein.

Gerade bei den großen Bauten waren wir gemeinsam immer und immer wieder als Pioniere unterwegs. Die Techniker in der Zentralschweiz entwickelten im Austausch mit unseren Technikern aus Österreich großartige Lösungen. Insbesondere bei den Themen Statik, Brandschutz, Schallschutz und Energieunabhängigkeit konnten Leuchttürme und zukunftsweisende Projekte erfolgreich umgesetzt werden, die die ganze Holzbranche bewegten und inspirierten.

Mein erstes Buch, das den jungen Handwerker und Restaurator Beat zum Erwin nach Österreich geführt hat, ist in all der Zeit nicht allein geblieben. Das vorliegende ist mein zehntes Buch, und auch Beat hat bereits zwei Bücher über seine Arbeit verfasst. Und genau diese Worte schreibe ich auf einer Vortragsreise durch die Schweiz im Frühjahr 2023. Beat und ich werden bereits von Simon, seinem ältesten Sohn, sowie zwei seiner Töchter, Rahel und Rabea, begleitet. In Österreich ermöglichen mir zwei meiner Kinder, Florian und Elisabeth, solche Vortragsreisen. Sie haben schon große Teile der Geschäftsleitung übernommen.

Was für ein Geschenk es ist, sich in so einem Netz vertrauter Freunde und liebender Menschen zu wissen. Wie einsam würde ich heute dastehen, wenn ich damals die Geschichte vom Verteidigen und Zurückhalten des geschenkten Wissens geglaubt hätte. Nicht einmal annähernd könnte ein Mensch allein solche Projekte umsetzen. Und noch weniger wäre es allein möglich, die großartigen Leistungen aller Techniker und Handwerker selbst zu erbringen. Ja, es waren und sind gelungene Beziehungen, die all das ermöglicht haben. Der Weg des Kirschbaums bestätigt sich umso mehr, je mehr er in der Praxis angewandt wird. Und je öfter wir daran denken, dass die Investition in eine gelungene Beziehung die bleibende ist, desto öfter werden wir das in unserem Leben anwenden und desto geübter und – vor allem – mutiger werden wir dabei.

Als wir schon einige Jahre unsere leim- und chemiefreien Holz100-Häuser gebaut hatten, waren es zuerst »Zufallsbegegnungen« wie die mit Beat, die Kooperationen mit Handwerkern entstehen ließen. Beim Bau der Häuser machten und organisierten wir im kleinen Team in Goldegg noch sehr viel ganz allein. Doch der Weg, bis aus dem Baum im Wald ein fertiges Haus wird, der ist sehr, sehr lang. Mit zunehmender Nachfrage wurde immer klarer, dass ich in der vorhandenen Organisationsform immer mehr an meine Grenze kam. Die Frage war also, wie wir die Zukunft und das Wachstum in der Firma lösen sollten. Das naheliegende Modell, das von den meisten Betrieben in der Holzbaubranche damals angestrebt wurde, war die immer moderner und erfolgreicher werdende Holzfertighausindustrie. In einer Zentrale werden dabei die Häuser vollständig vorgefertigt und dann geliefert und schnell montiert. Der Hauptvorteil davon ist, dass die ganze Wertschöpfung im Unternehmen bleibt. Der Kuchen des Kaufpreises muss nicht mehr mit anderen Firmen geteilt werden. Obwohl es der große Trend der Zeit war, gefiel mir der Weg gar nicht, und ich entschied mich, viel mehr mit Herz und Bauch als mit dem

Kopf, für eine andere Organisationsform, die dem Weg des Kirschbaums schon viel näherkommt. Es war wieder eine Entscheidung, die unser Unternehmen grundlegend prägen sollte. Diese Entscheidung fiel gut zehn Jahre nach meinem Start mit dem Opa.

Die wichtigsten Prüfungen für unsere klebstofffreien Vollholzhäuser waren mit Erfolg bestanden. Unsere Bauten standen schon in einer Reihe von Ländern, von Japan über Norwegen bis zu den Ländern Südeuropas. Auch bei den Kosten hatten wir schon große Fortschritte gemacht, konnten inzwischen schon deutlich günstiger produzieren und so unsere Wettbewerbsfähigkeit verbessern. Eigentlich war es genau der richtige Zeitpunkt, zu expandieren und neue Märkte zu erobern. Zumindest im Sinn gängiger Wirtschaftslehren. Als Fertighausanbieter mit einem neuen, patentierten Vollholzsystem, das gesünder, weil chemiefrei, und im Brandfall nachweislich wesentlicher sicherer war, hätten wir auch Kapitalgeber für große Expansionspläne bekommen.

All diese Gedanken und Bilder erzeugten in meinem Herz und meinem Bauch aber keine Freude oder Begeisterung, sondern eher ein ungutes Gefühl. Immerhin müsste ich als Fertighaushersteller jeden regionalen Handwerker, jeden Zimmermann, jeden Baumeister als

Konkurrenten ansehen und ihm letztlich die Aufträge wegnehmen. Die Lebensenergie zur Bekämpfung anderer einsetzen? Nein, dafür bin ich nicht Unternehmer geworden. Der Wald selbst ist es ja, der uns vorlebt, wie viel stärker das Miteinander, die Verbundenheit, Vertrauen und Kooperation sind. Wir begannen also zu überlegen, wie wir alle Handwerker, die Bauherren und alle am Entstehen eines Hauses Beteiligten stärken und unterstützen könnten. Kooperation ist ein oft verwendetes und auch oft missbrauchtes Wort. Echte Kooperation kann nur gelingen, wenn Talente und Möglichkeiten zum Wohle aller ausgetauscht und gemeinsam genutzt werden. Eine Kooperation mit allen an Planung und Umsetzung Beteiligten musste also bedeuten, dass wir sie an unserer Forschung und unseren Entwicklungen, an unserem Wissen und den Patenten teilhaben lassen würden. Denn diese Arbeit, und auch die Produktion von großen Wand-, Dach- und Deckenelementen auf aufwendigen und teuren, CNC-gesteuerten Produktionslinien, lässt sich in kleinen Unternehmen nicht bewerkstelligen. Wenn aber eine große Zahl von Partnerbetrieben solche Anlagen gemeinsam auslastet, werden Investitionen möglich, die eine wesentlich bessere und gesündere Bau- und Wohnqualität der chemie- und leimfreien Vollholzhäuser möglich macht.

Bald kamen auch noch technische Planungsarbeiten etwa für Bauphysik, Statik oder für energieautonome Häuser dazu, weil das immer Spezialwissen und Erfahrung benötigt, die in normalen Unternehmen meist nicht vorhanden sind. Die Alternative zum Fertighausunternehmen als Komplettanbieter für schlüsselfertige Häuser war nun der Aufbau eines Partnernetzwerkes mit vielen Zimmereien und Bauunternehmern, die von uns geschult werden und dann mit unserem Know-how in ihren Regionen die Häuser anbieten und bauen. Eine dezentrale Struktur anstatt Zentralismus, in dem man selbst alles kontrolliert. Bei den Modell- und Kostenrechnungen gab es dann noch einmal eine interessante Zahl. Als Fertighausunternehmer hätten wir nahezu 100 Prozent der Gesamtbaukosten als unseren Umsatz mit unserer Marge verbuchen können. Im Partnernetz, wie wir es planten und danach auch umgesetzt haben, blieben für uns nur noch 15 bis 20 Prozent der Baukosten, die ein Bauherr in Summe zu bezahlen hat. Für jeden Manager ist so etwas zunächst ein klarer Nachteil. Im Partnernetzwerk müssen fünf bis sechs Häuser verkauft werden, damit wir denselben Umsatz erzielen, den wir als Fertighausanbieter mit einem Haus generieren könnten. Dennoch entschieden wir uns für den Weg, den uns der Wald vorlebt und der sich in unseren Herzen besser anfühlte: Wir begannen gezielt, Partner zu suchen, sie zu schulen und gemeinsam die Holz100-Häuser zu bauen.

An dieser Stelle darf ich unseren damaligen Verkaufsleiter, stellvertretend für alle nach seiner Pensionierung folgenden Kollegen, erwähnen. Felix Steinle hat den Grundstein für unser heutiges System mit über 150 ausgewählten und geschulten Partnerunternehmen gelegt. Und er hatte den Weg des Kirschbaums wahrlich verinnerlicht. »Wenn ich als Fremder in einen Betrieb hineingehe und nicht als Freund wieder herauskomme, dann muss ich schwer an mir selbst arbeiten«, ist ein Originalton von unserem Felix. Selbstredend verbindet uns bis heute eine große Freundschaft. Dabei konnten wir die wichtigsten Vorteile, die sich aus unserem Partnersystem ergeben haben, bei unserer Entscheidung noch gar nicht sehen. Heute in der Rückschau wissen wir es besser.

Wir haben damals eifrig begonnen, Schulungsprogramme, Seminare und die nötigen Strukturen zu organisieren. Der Gedanke, der uns leitete, war ja: »Wir wollen den künftigen Partnern unser Know-how mitgeben.« Allerdings war das von Anfang an keine Einbahn. All unsere Partner waren ja von Anfang an gestandene Handwerker und Unternehmer, die jeder für sich ihren eigenen großen Erfahrungsschatz mitbringen. Aus der von uns erwarteten

Schulungstätigkeit wurden ein lebendiges Netzwerk und ein ständig fließender Wissenstransfer nicht nur mit uns, sondern auch zwischen den Thoma-Partnern. Eine ganze Reihe von Entwicklungen und Verbesserungen konnte auf diesem Weg zumindest initiiert werden. Gemeinsam mit unseren Partnern durften wir erleben, dass es nur darauf ankommt, ein Klima des Vertrauens zu schaffen. Vertrauen ist das Gegenteil von Angst. Erst einmal im Vertrauen angekommen, ist es plötzlich möglich, über eigene Fehler und Missgeschicke zu reden. So eine Offenheit führt dazu, dass Fehler meistens nur einmal passieren, weil alle daraus lernen können.

Damit hat unser Geheimnis für praktisch reklamationsfreies Bauen begonnen. In den Jahrzehnten meiner Tätigkeit habe ich – abgesehen von Ausbesserungen und behebbaren Kleinigkeiten – keine substanzielle Reklamation oder Schäden an unserem Bausystem Holz100 erlebt. Bei rund 2000 Bauten in etwa 30 Ländern musste kein einziges Haus rückgebaut oder in seiner Substanz verändert oder saniert werden. Reklamationen beschränkten sich auf harmlose Verschmutzungen, optische Fehler oder ähnliche Kleinigkeiten. Das ist in der Bauwirtschaft ganz, ganz selten. Reklamationsfreiheit ist für ein Unternehmen ein hohes Gut und eines der wichtigsten Versprechen für alle Kunden. Maßgeblich ermöglicht wurde und wird das durch die Verbundenheit und das Miteinander unserer Betriebsleiter und aller Mitarbeiter der Holz100-Werke mit allen Handwerkspartnern. So entsteht aus dem Beispiel des Kirschbaums ein handfester Vorteil im Alltag der Praxis auf den Baustellen. Doch neben dem gemeinsamen Lernen eröffnete uns das Partnernetzwerk noch weitere großartige Vorteile. Ich erinnere mich an den Bau eines Universitätscampus in Moskau. Das russische Wirtschaftsministerium als Auftraggeber wollte im Jahr 2008 ein Mustergebäude für zukunftsfähiges und nachhaltiges Bauen errichten. Bei der Recherche dazu wurden wir entdeckt und kontaktiert. Dann folgten mühsame Verhandlungsrunden. Nach über einem Jahr der Verhandlungen ging es plötzlich ganz schnell. Der Auftrag wurde uns unter einer Bedingung angeboten. Wir mussten ein Volumen von circa 30 Einfamilienhäusern in Moskau in nur acht Wochen selbst montieren. Der Auftrag war für uns sehr wichtig. Durch die damalige Bankenkrise war das Baugeschehen in Mitteleuropa stark eingebrochen, und auch wir hatten zu wenig Arbeit. Ohne Partnernetzwerk hätten wir das trotzdem niemals machen können. Die Kapazität, um so kurzfristig für unsere Verhältnisse so große Baustellen alleine abzuwickeln, hatten wir nicht. Und es wäre auch viel zu teuer gewesen, solche Kapazitäten immer bereitzuhalten. Ich flog nach Moskau und musste den Vertrag unterschreiben – oder davon zurücktreten. Es gab keine Zeit, um rückzufragen, wie ich so ein großes Projekt im damals einigermaßen chaotischen Russland organisieren könnte. In dieser Situation war das Wort Vertrauen viel mehr als ein schönes Schlagwort. Ich vertraute also auf meine Partner und unterschrieb. Wieder zu Hause angekommen, startete ich meinen Rundruf und hatte binnen weniger Wochen ein Team junger, hoch motivierter Zimmerer zusammengestellt. Die Bauleitung vor Ort wurde von einem erfahrenen Zimmerermeister und meinem Sohn Florian übernommen. Für Florian war es die erste Arbeit nach seinem gerade absolvierten Universitätsabschluss.

Auf der Baustelle in Moskau bekamen unsere Arbeiter schon nach wenigen Tagen Besuch. Es hatte sich herumgesprochen, dass hier etwas ganz Besonderes geschah. Die Leute kamen, weil sie noch nie jemanden so arbeiten gesehen hatten. Mit so viel Begeisterung, freiwillig, so schnell, so bemüht und so fleißig. Am Schluss gab es sogar einen Besuch vom damaligen Wirtschaftsminister. Nach achtwöchiger Montage des gesamten Holzbaues verbrachten unsere Zimmerer noch einige Urlaubstage in der Stadt. Für uns als Unternehmen war die Produktion mit Holzbauteilen aus 50 Sattelschlepperladungen sowie die gute Bezahlung ganz entscheidend, um die Finanzkrise 2008/2009 gut zu überstehen. Das Montageteam, das wir so schnell aus dem Hut zaubern konnten, war der Schlüssel zum Auftrag. Denn Komplettangebote internationaler Baukonzerne waren für den Auftraggeber teurer. So haben wir die wichtige Arbeit bekommen.

Das Russlandprojekt war ein weiteres eindrucksvolles Beispiel, dass der kooperative Weg des Kirschbaums viel gesünder und widerstandsfähiger ist als der Weg des einsamen Einzelkämpfers. Wer viele Freunde hat, der kann Gefahren und auch extreme Herausforderungen viel besser und leichter meistern. Viele Freunde hat aber nur, wer gelungene Beziehungen hat. Und gelungene Beziehungen kommen nie von allein. Sie wachsen auf dem Boden von Vertrauen, Freundschaft und gegenseitiger Hilfe. Investitionen in diesen Boden sind die, die bleiben.

Kapitel 8

UNBEIRRT

Eine bestimmte Eigenart der Bäume kann uns Menschen besonders helfen: Es macht keinen Unterschied, ob wir sie bei Tag oder bei Nacht besuchen, ob wir sie im Sommer, im Winter, im Frühling oder im Herbst betrachten – sie verfolgen unaufhörlich ihr Lebensziel auf Erden. Das tun sie unbeirrt von allem, was rundherum passiert. Nichts, gar nichts scheint sie zu beeindrucken oder gar von ihrem ewigen Vorhaben abhalten zu können. Bäume, diese aus Luft und Wasser entstandenen Wesen, bilden vor unseren Augen die größten Gestalten und tun das alles nur, um am Ende ihre Kinder wachsen zu sehen. Sie geben sich vollkommen hin, damit das Leben, das sie selbst hervorgebracht haben, in seiner ganzen Vielfalt und Vernetzung weiterhin gedeihen kann. Die Bildung von tiefem, nährstoffreichem Humus, das Reinigen des Lebenselixiers Wasser und die Erhaltung einer Mitwelt im harmonischen Gleichgewicht aller Wesen, das ist ihr einziges Ziel.

Für uns suchende Menschen, die das Zweifeln und Schwanken so gut kennen, sind Bäume in ihrer lebenslangen Unbeirrtheit ein wahrer Anker, an dem man sich festhalten und orientieren kann, wenn es wieder einmal ganz bunt oder unübersichtlich wird. Ja, sie gehören zu den verlässlichsten Begleitern im Leben, die man nur finden kann. Gerade in turbulenten Zeiten, in denen die Nebel des Lebens jede Sicht und Klarheit verhüllen, habe ich mich oft nach der Unbeirrtheit von Bäumen gesehnt. Tatsächlich scheinen sie mit einem geheimnisvollen Lebensstrom verbunden zu sein. Wie wäre es sonst möglich, Bäume auch in den allerschwierigsten Tagen ihrer irdischen Existenz ganz ohne Zweifel und ohne Überlegen zu sehen? Nach Waldbränden, Stürmen, Trockenheit oder sonstigen Verwüstungen – die noch Lebenden machen immerzu einfach weiter wie bisher. Auch wenn nur noch einige wenige Blätter oder Nadeln geblieben sind, sie treiben neu aus, versuchen, Zucker für alle zu bilden. Sie hören niemals auf, das Wasser zu reinigen, die Luft zu filtern, Schatten zu spenden, vorbeikommende Lebewesen zu nähren. Von allem Äußeren scheinbar unbewegt, bleiben sie ganz in der Mitte ihrer Kraft. Unaufhörlich setzen sie alle Talente und Fähigkeiten für alles Leben ihrer Mitwelt ein.

Sie könnten sich ja auch einmal verschließen, vorübergehend einzig und allein auf sich selbst schauen und die anderen vergessen. Aber so ein aus menschlicher Sicht verständliches Verhalten ist ihnen vollkommen fremd. Der Kirschbaum und all seine Baumfreunde scheinen vom Leben etwas zu kennen, das von uns Menschen gesucht und gefunden werden will. Die Lebensquelle, aus der Glück, Freude, Gesundheit und Erfüllung sprudeln, ist ja auch der Sehnsuchtsort aller Menschen. Warum können wir uns nicht wie ein Baum ganz unaufgeregt und zentriert in den Strom des Lebens begeben und dort dauerhaft Glück und Geborgenheit finden?

Ganz so verborgen und weit weg, wie es oft scheint, ist diese Quelle für uns Menschen aber glücklicherweise dann doch nicht. Wir alle kennen Glücksmomente und Augenblicke, die unerwartet kommen. Man kann sie kaum planen und schon gar nicht kaufen. Aber es gibt sie wohl in jedem Leben. Man wird wach und die Sonne scheint beim Fenster herein. Gestern ist alles gelungen, der Schlaf war gut, und heute steht etwas Schönes, Fried- und Freudvolles bevor. Plötzlich spürt man im Herzen nur Glück und Erfüllung. Wenn man sich das bewusst macht, kommt Dankbarkeit auf. Manchmal gelingt es dann, diesen Zustand – im Gegensatz zu vergänglichen Sinnesfreuden – länger als einen Augenblick zu bewahren. Das äußert sich in der Art, wie wir auf unsere Mitwelt schauen. Verbundenheit wird in solchen Momenten zu einem Gefühl, das sich einfach einstellt. Wir sind glücklich und alles um uns herum ist gut, wie es ist.

Wem es gelingt, so dankbar über den Augenblick nach außen zu schauen, der kann es auskosten, plötzlich zu spüren, wie sein Herz vor Liebe überläuft. Es ist ein Schauen, das einfach nur gut sein will mit dem, was es erblickt. Ein Schauen, das auch Herausforderungen und unangenehme Dinge als Möglichkeit des Lebens sieht, das eigene Herz zu weiten. Diese Haltung versöhnt uns mit allem, was kommt. Sie schafft Vertrauen ins Leben und Verbundenheit. Das ist ein großer Unterschied zu einem Ausspähen dessen, was sich rund um mich tut und was ich wie nutzen und am Ende ausnutzen kann. Der dankbare Blick in Verbundenheit wird für uns selbst zur Kraft- und Glücksquelle. Der ausnutzende Blick des einsam getrennten Menschen aber kostet Kraft und macht am Ende traurig und krank.

Wenn wir diese beiden Möglichkeiten des Schauens in uns betrachten und in uns nachspüren, dann kommen wir der Lebensquelle unserer Bäume schon viel näher. Verbundenheit zu leben bedeutet, das Leben ehren, zu achten und es zu würdigen, anstatt es zu benutzen und zu missachten. Es bedeutet aber auch, aus der Lebensquelle selbst zu schöpfen. Wer hier trinkt, der wird niemals erschöpft sein. An dieser Stelle werden unser Verstand und unser freier Wille zum großen Geschenk und zur Möglichkeit. Obwohl wir im Leben oft nicht oder zumindest nur sehr langsam ändern können, was wir tun (müssen) oder wo wir sind, können wir in jedem Augenblick entscheiden, wie wir das tun, was gerade ansteht und getan werden muss. Wie beim Beispiel vom zufällig glücklichen Morgen. Dabei können wir zu uns selbst sagen: »Super, das ist ein richtiger Energieschub. Heute bin ich gut drauf. So kann ich in meinem Alltag besonders effektiv und erfolgreich Geld verdienen, meine Mitwelt benutzen und meine egoistischen Fantasien wahr werden lassen.« Wir könnten aber auch diesen Morgen des Glücks dankbar mit anderen teilen. Ganz einfach und ohne Theater könnten wir den Menschen, Tieren und Pflanzen, denen wir heute begegnen, etwas von unserer Freude und Zuversicht geben. Ein Lächeln können wir schenken, ein Innehalten und Zuhören, ein Sehen der Lebewesen um uns herum. Diese werden es empfangen, an andere weiter- und auch an uns zurückgeben. Plötzlich wird auf diese Weise durch mein kleines Glück ein Fluss oder vielleicht auch nur ein kleines Bächlein an Beziehungsglück zum Fließen gebracht. Genau diese gelungenen Beziehungsflüsse und -bäche bilden den Blutstrom des Lebens. Es ist der Strom, der alles Leben stärkt. Es ist das geheimnisvolle Gelingen jenseits von Macht und Geld, von kaufen und bezahlen. Jeder von uns kann jeden Tag so ein Bächlein fließen lassen. Wir müssen dafür nur dem Leben selbst vertrauen, auf das Leben setzen. Ganz einfach, ganz absichtslos und unvermittelt können wir das ohne Kraftaufwand tun.

So oft geraten wir Menschen in die Falle, dass wir an uns etwas beobachten, es nicht mögen und es loswerden wollen. Nach dem Motto: »Ich weiß im Stillen ja, dass mein Ego viel zu oft das Ruder übernimmt, aber so sehr ich es auch bekämpfe – ich werde es einfach nicht los!« Damit offenbart sich der Irrtum, der hier passiert. Viel besser als unsere kostbare Energie zu verwenden, um ein Ego in uns zu bekämpfen, ist es, auf das Leben zu vertrauen. Viel besser ist es, unsere Energie, unsere Aufmerksamkeit dem Leben zu schenken. Ein Kampf gegen uns selbst schwächt uns, so wie jeder Kampf schwächt. Das Ego mit all seinen wirren Projektionen ist ja an sich kein Feind, der bekämpft werden muss. Viel mehr ist es der Weg, der uns zur unbeirrten Klarheit der

Bäume führen kann. Alle Egoerfahrungen zeigen uns, wie schön und kostbar es ist, nicht verirrte Wünsche und Projektionen zu verfolgen, sondern auf das Leben selbst zu vertrauen. Sobald wir beginnen, unser Dasein so zu betrachten, merken wir, wie sehr jeder Augenblick eine Gelegenheit ist, die Freude des Lebens, die Quelle der Dankbarkeit und Liebe zu finden. So kann sich der Mensch schlussendlich auch mit Schmerz, Verzweiflung und allem Abschied versöhnen.

Das Beispiel, wie unbeirrt unser Kirschbaum und auch alle anderen Bäume das Leben fördern und sich selbst dafur hingeben, ist für jeden Menschen ein großes Geschenk. Es ist ein Bild, das uns auf unserer eigenen Reise hilft, die Kostbarkeit von jedem einzelnen Augenblick intensiv und wahrhaftig zu erleben. Plötzlich wird der Alltag von der Mühsal zum Geschenk. Der Augenblick des Daseins zur reinen Freude. Wir Menschen müssen uns nur für diesen Weg entscheiden. Er steht jedem offen. Der Lebensstrom des Universums fließt immer und für alle.

NACHWORT

In bewegten Zeiten, in denen die Mehrheit der Menschen unsicher und unwissend in eine immer schnellere Veränderung der Zukunft blickt, sind sich die Leute meistens schnell einig, dass vieles anders werden muss. Bei der Frage aber, wie das geht und vor allem wie man sich am besten für Unvorhersehbares rüsten kann, wird es schon schwerer, einhellige Antworten zu finden. Viel mehr überwiegen diffuse Ängste und Unsicherheiten. Gerade wenn sich im kleinen persönlichen Lebenskreis die Dinge und Einschätzungen genauso rasend ändern wie in der großen weltweiten Wirtschaft und Politik, kann man so gut wie keine verlässlichen Prognosen bekommen. Unwidersprochen bleibt aber, dass zur guten Bewältigung von großen Veränderungen Qualitäten erforderlich sind, die es nicht zu kaufen gibt: Mut, Vertrauen, Besonnenheit, Netzwerke echter Freundschaften und belastbarer Beziehungen sind für Geld und Gold nicht zu bekommen. Für Krisen kann man sich nur in der Seele rüsten. Mut ist im Herzen daheim, niemals am Bankkonto. Vertrauen ist der Rückfluss aus gelungenen Beziehungen, die zuvor auf gesundem Boden gewachsen sind. Im Krisenfall, inmitten einer Katastrophe, in Zeiten der Krankheit oder im Alter brauchen wir Freunde, die bereit sind, sich für uns bedingungslos hinzugeben. Einsamkeit und Abgetrenntheit von solchen guten Geistern machen uns schwach und angreifbar. Diese kostbaren Freunde bekommen wir aber nur dann, wenn wir vorher auch selbst ein kostbarer Freund gewesen sind. Hingabe wächst aus erlebter Hingabe. Sie kommt niemals aus einer Versicherungspolizze, auch wenn diese noch so hoch dotiert ist. Die Seele rüsten heißt, das Leben als Geschenk zu sehen, voller Möglichkeiten, die gesehen und gelebt werden wollen.

Natürlich ist es leicht gesagt und geschrieben, man solle unangenehme oder sehr schmerzhafte Situationen als Möglichkeit zur eigenen Entwicklung sehen. Aber Krisen, ja, auch Katastrophen, Misserfolge und Widerstände im Leben sind immer richtungsweisend. Ob wir das wollen oder nicht, sie bleiben die großen Prüfungen. Werden sie durchlebt und angenommen, so gut es halt geht, dann werden sie am Ende für viele Menschen zu wichtigen

Kraftquellen, auf die sie sich stützen und ihre Erfahrung gründen. Unser Herz und unsere Seele sind die Landschaften, in denen wir unsere bedeutendsten Früchte säen und ernten können. Es sind die Landschaften, in denen wir das große Ziel unseres Lebens erfüllen und finden können. Für ein gutes Vorankommen auf diesem Weg gibt es einige Hinweise, die sehr hilfreich sind. Mit richtiger Ausrüstung kommt man einfach bei jeder Wanderung besser, schmerzfreier und leichter ans Ziel. Dazu möchte ich vier Punkte anführen:

1. Dem Leben freudig zum Blühen verhelfen
Wer seine kostbare Lebenszeit damit vergeudet, Geld, Macht und materiellen Dingen nachzulaufen, der rennt in die falsche Richtung. Der Weg zum großen Ziel braucht einen Kompass, dessen Nadel in die Richtung weist, die das Leben meiner Mitwelt fördert. Ganz konkret und ganz einfach: Sorgen wir stets dafür, dass durch unser Tun keine Luft, kein Wasser und keine Erde verschmutzt wird. Wer solche Verschmutzungen leichtsinnig in Kauf nimmt, der läuft große Gefahr, eines Tages auch seine Mitmenschen zu »verschmutzen«.

2. Gelungene Beziehungen als Ziel sehen
Das meint nicht nur die Beziehung zum menschlichen Liebespartner. Auf genau gleiche

Art geht es um die Beziehung zu Regenwurm, Blume und Baum, zu den Tieren und natürlich zu allen Menschen. Erst wenn wir uns den Beziehungen zu allem Leben öffnen, sie zu spüren und zu leben versuchen, nähern wir uns dem großen Geheimnis unseres Daseins. Aber das geht immer nur analog. Durch das konkrete Tun und In-Beziehung-Gehen mit allem Sein und allen Sinnen.

Mit Sorge beobachte ich immer wieder Kleinkinder, die vom Kinderwagen aus sehen, wie ihren Eltern der Bildschirm des Handys wichtiger ist als der Blickkontakt zum Kind. Später wenden sich diese Kinder selbst in unglaublichem Zeitausmaß ihres Lebens den technischen Geräten zu. Auf einem zweidimensionalen Bildschirm wischend, kann ein heranwachsendes Kind weder die Schwerkraft noch grundlegende empathische Prägungen durchleben und verinnerlichen. Renommierte Wissenschaftler und Mediziner weisen auf diese große Herausforderung hin. Beziehungen real zu leben und gelingen zu sehen, ist für unseren menschlichen Lebensweg durch nichts zu ersetzen.

3. Demut

Dieses Wort hat in unserer modernen Zeit einen manchmal negativen Beigeschmack von Unterwürfigkeit und Kuschen bekommen. Dabei ist es das genaue Gegenteil. Es ist viel leichter, seinen Illusionen freien Lauf zu lassen, als den Mut zu fassen, dem Leben wirklich dienen zu wollen. Demut bedeutet, dass wir uns nicht als Herrscher der Erde aufspielen, sondern uns glücklich als verbundenen Teil einer großartigen Natur oder Schöpfung sehen. So eine Haltung ist der beste Schutzschild für uns selbst. Sie bewahrt uns davor, in einen destruktiven Narzissmus zu verfallen.

4. Hinsehen statt Realitätsverweigerung

Die erwähnte Digitalisierung unserer Gesellschaft birgt das Risiko, dass sich immer mehr Menschen in digitale Bildschirmwelten zurückziehen, sich dorthin flüchten und in der Sucht danach verlieren. Das ist tragisch. Digitale Geräte sind zunächst neutrale Werkzeuge, die sehr nützlich sein können. Schlimm wird es nur, wenn wir das vergessen. Arm ist der Mensch, der die digitale Welt zu seinem Lebensraum macht. Die stärkenden Erfahrungen können wir dort nicht machen. Die wichtigste Seelennahrung des Menschen ist erlebte, bedingungslose Liebe. Nach einer Aussage des inzwischen 96-jährigen Benediktinermönches David Steindl Rast ist Liebe das gelebte Ja zur Zugehörigkeit.

In der Natur ist das Beispiel gelebter Verbundenheit allgegenwärtig. Der Kirschbaum ist einer von unzählbaren Botschaftern, die dieses Zeugnis leben. Auch kein Mensch kann ohne die Liebe existieren. Diese wahrhaftige, nährende Liebe bleibt für uns Menschen geheimnisvoll. Dem unerwarteten Glücksvogel gleich fliegt sie durch unser geöffnetes Fenster hinein, immer dann, wenn uns Beziehungen gelingen. Beziehungen zu Menschen, Tieren und der ganzen Mitwelt.

Das größte Geschenk, das ich von meinem Kirschbaum bekomme, ist seine Wahrhaftigkeit, seine Unbeirrbarkeit, mit der er sein ganzes Sein hingibt. Er tut das für das einzige große Ziel: seine Beziehungen zu allem Leben in seiner Welt zu fördern und zum Blühen zu bringen. Dieses große Geschenk kann seine ganze Kraft gerade dann entfalten, wenn wir es leben und weiterschenken.

Liebe Leserinnen, liebe Leser, durch die Aufmerksamkeit, die Sie bis jetzt diesem Buch gegeben haben, konnte ich das Geschenk des Kirschbaums teilen und zum Blühen bringen. Dafür bedanke ich mich von ganzem Herzen. Möge Sie das Bild des Kirschbaums ein Leben lang begleiten. Möge es Ihnen gelingen, es genauso weiter zu teilen.

Erwin Thoma
Goldegg, im Juni 2023

DER AUTOR

Erwin Thoma, 1962 geboren, wurde aus Liebe zur Natur zunächst Bergführer, dann Revierförster. Heute hat er sich mit seiner Firma auf Holzhäuser spezialisiert, die energieautark sind und ganz ohne Technik und Dämmstoffe auskommen. In seinen Büchern, unter anderem *Strategien der Natur, Die geheime Sprache der Bäume, Dich sah ich wachsen* und *Holzwunder*, entführt er seine Leserinnen und Leser in die Welt der Bäume und der Natur, die heutzutage vielen fremd geworden ist. Erwin Thoma lebt mit seiner Familie in Goldegg, Österreich.

»Ein anpackender Bauherr, erdiger Naturtyp, erfahrener Praktiker.«

DIE ZEIT über Erwin Thoma

Der Wald – ein Wunder der Natur

Alles am Wald ist ein Wunder: jedes Samenkorn, das Geflecht der Wurzeln, das Licht, das durch das Blätterdach scheint, die wohltuend frische Luft. Wie der Wald entstand und was wir ihm zu verdanken haben, davon weiß Erwin Thoma sachkundig zu erzählen. So entstand ein außergewöhnliches Bäume-Buch, unterhaltsam und mit großer Fachkenntnis erzählt von einem Autor, der zugleich erdiger Naturtyp und erfahrener Unternehmer für Holzbau ist.

»Ein Buch voller faszinierender Geschichten und Mythen, spannender Details und Zusammenhänge.« *Wiener Zeitung*

ERWIN THOMA
STRATEGIEN DER NATUR

224 Seiten
Hardcover · 14,5 × 21 cm
ISBN: 978-3-7109-0087-7 · € 24,00

Entdecken Sie die heilende Kraft des Waldes!

Bäume lassen jeden von uns gesünder und länger leben. Noch vor einigen Jahren galt die Heilkraft des Holzes als Volksmeinung, inzwischen ist ihr großer Nutzen auch wissenschaftlich bestätigt. Wer sich mit reinem Holz umgibt, tut seinem Körper viel Gutes. Dieses Buch ist ein verlässlicher Begleiter, für alle Fragen rund um Holz und Gesundheit: Welches Holz beeinflusst meinen Organismus positiv? Was kann ich tun, um wieder besser zu schlafen? Woher bekomme ich gutes Holz und wie baue ich ein Haus, das zur Gesundheitsquelle der ganzen Familie wird? Die Wege zur Natur sind so wunderbar wie die Bäume selbst. Beginnen Sie Ihre persönliche Reise dorthin!

MAXIMILIAN MOSER / ERWIN THOMA
DIE SANFTE MEDIZIN DER BÄUME
176 Seiten
Hardcover · 24,5 x 28 cm
ISBN: 978-3-7104-0001-8 · € 26,00

Die Wunder des Waldes für uns entschlüsselt

Erwin Thoma und die Bäume. Das ist die Geschichte einer Liebe, die ansteckend ist. Die Natur selbst hat unendlich viel Zeit, um die besten Lösungen zu entwickeln. Am Ende kommt immer jene Form zur Anwendung, die alle Belastungen gemeistert hat. Bäume und das jahrtausendealte Wissen von Mutter Natur können auf so viele Fragen unserer Zeit eine Antwort geben. Die Erfindungen der Natur aufzuspüren – das ist das Ziel. In diesem Buch lernen wir alle die Sprache der Bäume kennen. Sie ist die vielleicht schönste und wertvollste, die wir je gelernt haben.

Was der Großvater noch über Bäume wusste

Holz ist ein Naturmaterial mit vielen Geheimnissen und wundervollen Eigenschaften. Schon seit Jahrhunderten wissen die Menschen über die Besonderheiten dieses Baumaterials und die Wirkung von Bäumen in unserem Leben Bescheid. Menschen wie der Großvater haben dieses Wissen und die Traditionen rund um das Thema weitergegeben und damit die nächste Generation geprägt. Ein Buch über das uralte und das neue Leben mit Holz, Wald und Mond.

»Ernten, bauen und leben wir besser, indem wir die Rhythmen und Kreisläufe der Natur nutzen und uns von den Kräften der Wälder tragen lassen.« *Erwin Thoma*

ERWIN THOMA
DICH SAH ICH WACHSEN
224 Seiten
Softcover · 13,5 × 20,5 cm
ISBN: 978-3-7104-0112-1 · € 14,95

Holz – ein wunderbarer Begleiter des Menschen

Wussten Sie, dass die Inhaltsstoffe des Holzes von jedem persönlich als Schutz gegen Zivilisationskrankheiten eingesetzt werden können und ausgerechnet die Baukunst der Ameisen das Modell für Passivhäuser ohne Dämmstoff und Haustechnik liefert? Oder warum der Specht im Wald den Weg für die Energie der Zukunft zeigt? Die Natur steckt voller Überraschungen und ist der beste Lehrmeister zugleich.
In diesem Buch wird das gewachsene Wissen mit neuesten Forschungsergebnissen und Anwendungsbeispielen kombiniert.

»Am Ende all unserer Entwicklungen steht die Erfahrung, dass es besser ist, mit der Natur zu arbeiten als gegen sie.« *Erwin Thoma*

ERWIN THOMA
HOLZWUNDER
240 Seiten
Hardcover · 14,5 x 21 cm
ISBN: 978-3-7104-0105-3 · € 19,95